utb 6271

Eine Arbeitsgemeinschaft der Verlage

Brill | Schöningh – Fink · Paderborn
Brill | Vandenhoeck & Ruprecht · Göttingen – Böhlau · Wien · Köln
Verlag Barbara Budrich · Opladen · Toronto
facultas · Wien
Haupt Verlag · Bern
Verlag Julius Klinkhardt · Bad Heilbrunn
Mohr Siebeck · Tübingen
Narr Francke Attempto Verlag – expert verlag · Tübingen
Psychiatrie Verlag · Köln
Psychosozial-Verlag · Gießen
Ernst Reinhardt Verlag · München
transcript Verlag · Bielefeld
Verlag Eugen Ulmer · Stuttgart
UVK Verlag · München
Waxmann · Münster · New York
wbv Publikation · Bielefeld
Wochenschau Verlag · Frankfurt am Main

#fragdocheinfach

Alle Bände der Reihe finden Sie am Ende des Buches.

Prof. Dr. Rolf J. Daxhammer lehrt seit 2000 an der ESB Business School in Reutlingen. Seine Lehr- und Forschungsschwerpunkte sind Internationale Finanzmärkte, Investmentbanking und Behavioral Finance. In seinen Beratungsprojekten beschäftigt er sich u. a. mit der Umsetzung von Behavioral Finance Konzepten im Private Wealth Management und im Financial Nudging.

Moritz Schüßler, CFA beschäftigt sich beruflich seit 2016 mit den internationalen Kapitalmärkten – vor allem aber mit ETFs. Er hat dabei sowohl Erfahrungen bei einer deutschen Investmentbank gesammelt als auch in leitender Funktion bei einer international renommierten Fondsgesellschaft. Er besitzt einen BSc International Management der Universidad Pontificia Comillas (ICADE), Madrid und der ESB Business School in Reutlingen. Zudem hat er alle drei Level des Chartered Financial Analyst (CFA) Programms erfolgreich absolviert. Privat lebt er mit seiner Frau seit einigen Jahren in Berlin.

Rolf Daxhammer / Moritz Schüßler

ETFs – Börsengehandelte Indexfonds? Frag doch einfach!

Klare Antworten aus erster Hand

UVK

Umschlagabbildung: © bgblue - iStock
Abbildungen im Innenteil (Figur, Lupe, Glühbirne): © Die Illustrationsagentur

Bibliografische Information der Deutschen Nationalbibliothek
Die Deutsche Nationalbibliothek verzeichnet diese Publikation in der Deutschen Nationalbibliografie; detaillierte bibliografische Daten sind im Internet über http://dnb.dnb.de abrufbar.

DOI: https://doi.org/10.36198/9783838562711

– Ein Unternehmen der Narr Francke Attempto Verlag GmbH + Co. KG
Dischingerweg 5 · D-72070 Tübingen

Internet: www.narr.de
eMail: info@narr.de

Einbandgestaltung: siegel konzeption | gestaltung
Druck: Elanders Waiblingen GmbH

utb-Nr. 6271
ISBN 978-3-8252-6271-6 (Print)
ISBN 978-3-8385-6271-1 (ePDF)
ISBN 978-3-8463-6271-6 (ePub)

FSC www.fsc.org MIX Papier | Fördert gute Waldnutzung FSC® C016368

Alle Fragen im Überblick

Vorwort

Wenige Themen an den Finanzmärkten haben Privatanlegerinnen oder -anleger in den letzten Jahren mehr gefesselt als der kometenhafte Aufstieg von Exchange Traded Funds (ETFs) im Universum der Anlagemöglichkeiten. Im Jahr 2005 betrug das weltweit investierte Vermögen in ETFs etwa 417 Milliarden US-Dollar. Bereits Ende 2023 waren rund 11.390 Milliarden US-Dollar investiert. Sie tauchen auf in den Produktempfehlungen automatisierter Anlageempfehlungen (Robo-Advisor), und sie werden mittlerweile in den Pausen am Schulhof, bei der Arbeit oder im Studium diskutiert wie neue Streaming-Serien. Das vorliegende Buch in der Reihe „Frag doch einfach“ soll dazu beitragen, den Schleier zu lüften, der häufig über dem Begriff ETF liegt und zu vielen Missverständnissen führt. Wir handeln aus einer doppelten Perspektive. Wir werden sowohl wissenschaftliche als auch praktische Aspekte von ETFs beleuchten. Wir orientieren uns bei unseren Ausführungen an Fragen, die sowohl Einsteiger als auch erfahrene Nutzer stellen können.

Wir beginnen mit einer etwas ausführlicheren Darstellung, was sich hinter dem Konzept ETF verbirgt, wie ETFs grundsätzlich aufgebaut sind und wie der Handel mit diesen Anlageinstrumenten funktioniert. Das zweite Kapitel *Wie unterscheiden sich ETFs?* befasst sich mit den unterschiedlichen Arten von ETFs. Die Bandbreite möglicher Produkte ist auf den ersten Blick beachtlich. In Deutschland gibt es inzwischen mehr als 2.000 unterschiedliche ETFs.

Das dritte Kapitel *Weshalb gibt es aktive und passive Fonds?* befasst sich mit der grundlegenden Frage, warum ETFs überhaupt existieren. Auf den ersten Blick wirken die meisten ETFs denkbar „langweilig“. Sie bilden hauptsächlich passiv einen Index nach und Anleger und Anlegerinnen sparen sich so die mühsame Auswahl einzelner Wertpapiere auf der Suche nach verborgenen Schätzen. Wie kann man ETFs sinnvoll einsetzen, wenn sie auf den ersten Blick uninteressant erscheinen? Wir werden sehen, dass ETFs ein wesentlicher Bestandteil der individuellen Altersvorsorge sein können. In anderen Ländern, z. B. in den USA, in UK oder in der Schweiz, werden sie dafür bereits in großem Umfang eingesetzt. Sie können jedoch auch für kurzfristigere Sparziele oder bewusste Spekulation genutzt werden.

Kapitel 5 *Wie baue ich mit ETFs ein Portfolio auf?* befasst sich mit der Frage, wie man ETFs am besten in seine individuelle Finanzplanung einbezieht. In Kapitel 6 *Welche neuen Entwicklungen gibt es?* werden wir die Frage beantworten, welche neuen Entwicklungen in Zukunft zu erwarten sind. Es ist durchaus denkbar, dass sich die Welt der ETFs in Zukunft verändern wird. Gerade die zunehmende Verbreitung unter Privatanlegerinnen und -anlegern eröffnet viele Möglichkeiten für spannende Innovationen.

Rolf Daxhammer (Reutlingen) und
Moritz Schüßler (Berlin),
im Frühjahr 2025

Was die verwendeten Symbole bedeuten

Toni gibt dir spannende Tipps. Er verrät dir Lesenswertes, Hörenswertes und Wissenswertes rund um das Thema.

Die Glühbirne zeigt eine Schlüsselfrage an. Das ist eine der Fragen zum Thema, deren Antwort du unbedingt lesen solltest.

Die Lupe weist dich auf eine Expert:innenfrage hin. Hier geht die Antwort ziemlich in die Tiefe. Sie richtet sich an alle, die es ganz genau wissen wollen.

Zahlen und Fakten

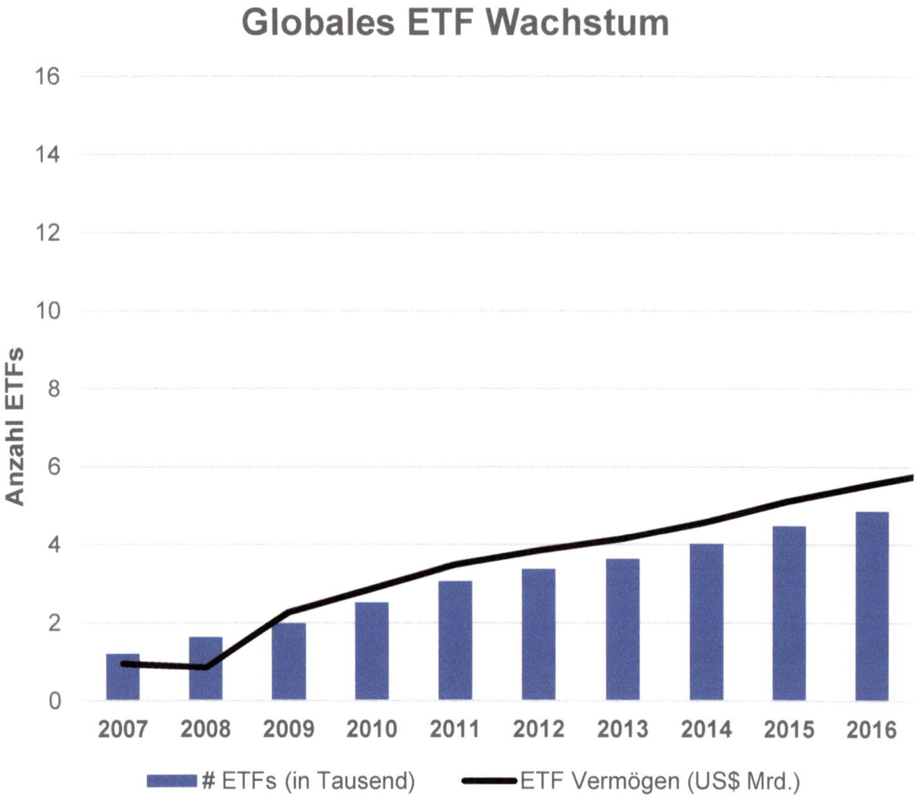

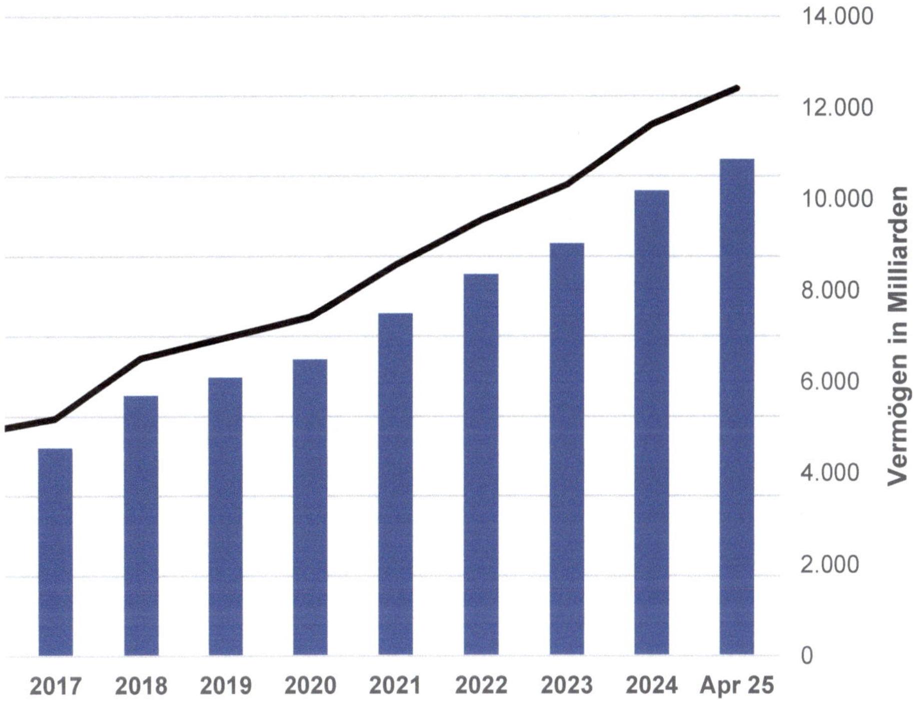

Quelle: ETFGI, eigene Darstellung

Was sind ETFs?

Das Wachstum von Indexstrategien, insbesondere in Form von **ETFs**, ermöglicht Millionen von Anlegerinnen und Anlegern weltweit die Erreichung ihrer finanziellen Ziele. Investoren versprechen sich Berechenbarkeit – sie werden die Marktrendite abzüglich der Kosten erhalten. In der Regel sind die Kosten bei ETFs sehr gering. Da die Bevölkerung immer mehr Transparenz und Kostenbewusstsein entwickelt, wird wahrscheinlich auch die Verbreitung wissenschaftlich basierter Investmentstrategien zunehmen.
Viele Anleger und Anlegerinnen bevorzugen bei der Geldanlage zunehmend kosteneffiziente Vehikel. Global betrachtet findet in der Fondsindustrie eine enorme Umschichtung von teuren in kosteneffiziente Fonds statt. Die Gründe werden mit einem kurzen Blick auf die Kostenquoten von Fonds besonders ersichtlich. Während die durchschnittliche Verwaltungsgebühr für Anleger über alle Produktgruppen hinweg in der Eurozone bei bis zu 0,60 % liegt, können sich Anleger und Anlegerinnen in Europa mittlerweile komplette ETF-Portfolios für 0,10 % zusammenstellen (Quelle: Vanguard und Morningstar 2024).
Finanzielle Bildung ist eine der wesentlichen Stellschrauben der Zukunft, um mehr Anlegerinnen und Anleger für die Kapitalmärkte zu gewinnen und die Rentenlücke über die private Vorsorge zu schließen. Die Erfindung von ETFs hat den Zugang zum Finanzmarkt enorm erweitert. Heute ist es sehr einfach, breit gestreut zu investieren. Die meisten Anlegerinnen und Anleger bezahlen jedoch weiterhin zu viel für die Geldanlage. In Deutschland lässt sich in den vergangenen Jahren nur eine geringfügige Steigerung der Aktionärsquote beobachten. ETFs sind dabei dies zu ändern. Viele Neuinvestoren in Europa, also insbesondere die jüngeren Generationen sowie Frauen, wählen ETFs explizit aus, um erstmals in den Kapitalmarkt zu investieren.

Was steckt hinter dem Begriff ETF?

ETF steht für „**Exchange Traded Fund**“, welcher auch als börsengehandelter Fonds bezeichnet wird. → ETFs verbinden die Vorteile von Publikumsfonds (öffentlich zugängliche Fonds) mit Aktien. Sie sind das Synonym für passives Investieren, da sie sehr eng mit der Ursprungsidee klassischer Indexfonds verbunden sind.

Allerdings existieren auch aktive ETFs. Im Gegensatz zu → **aktiven Fonds und ETFs** versuchen passive Fonds und ETFs nicht den Index zu schlagen. Während klassische Publikumsfonds nur einmal am Tag zum Nettoinventarwert (NAV) gekauft oder verkauft werden können, bieten ETFs eine börsentägliche Handelbarkeit (siehe auch Kapitel *Wie unterscheiden sich ETFs?*). Es findet also wie bei Aktien eine kontinuierliche Preisfindung statt.

Der börsengehandelte Indexfonds ist darauf ausgelegt, eine Indexrendite nach Abzug der Kosten möglichst genau abzubilden. So können Anlegerinnen und Anleger mit einem S&P 500 ETF mit einem Schlag in alle 500 Aktien des S&P 500 Index investieren. Die Wertentwicklung des ETFs sollte abzüglich der Kosten genau der Indexperformance entsprechen, sodass Investoren die Wertentwicklung sehr transparent nachvollziehen können.

ETFs sind in Europa als **Sondervermögen** reguliert, sodass das Fondsvermögen treuhänderisch und sicher bei einer Depotbank verwahrt wird. Besonders beliebt sind in Deutschland → **ETF-Sparpläne**, mit denen ein regelmäßiges Investment ab 1 Euro möglich ist.

Podcast-Tipp | In der ARD Audiothek findet sich ein kurzer Podcast als Überblick: „Gold & Asche: Projekt ETF“.
https://www.ardaudiothek.de/episode/gold-und-asche-projekt-versicherungen/gold-und-asche-projekt-etf-trailer/ard/13625111/

Seit wann gibt es ETFs?

Während es → **Indexfonds** schon seit den 1970er-Jahren gibt, datiert die erste Auflage eines börsengehandelten Indexfonds auf das Jahr 1990. Indexfonds gehen bereits auf die Anfänge der **modernen Portfoliotheorie** zurück. Nach dieser Theorie ist es sinnvoll, seine Anlagen möglichst breit zu streuen, um das Risiko zu senken. Große Ideengeber für Indexfonds waren Eugene Fama, Harry Markowitz, William Sharpe sowie Louis Bachelier (siehe nachstehende Frage zu den entscheidenden Faktoren für die Entstehung von Indexfonds). Neben den wissenschaftlichen Erkenntnissen in Bezug auf die Portfoliotheorie gab es aber auch immer mehr Anlegerinnen und Anleger, die erkannten, dass selbst professionelle Fondsmanager nicht immer den Markt schlagen. ETFs sind ein nützliches Instrument, um die Geldanlage weiter zu demokratisieren und den Zugang zu erweitern. ETFs sind einfach, transparent und flexibel. Heute sind wir bei mehr als 10.000 ETFs weltweit angekommen (Quelle: ETF GI).

Was waren die Anfänge der Wertpapieranlage?

Der Wertpapierhandel an sich hat eine viel längere Geschichte. Er umfasst den Handel mit übertragbaren Wertpapieren, die auf den Finanzmärkten gehandelt werden. Die Geschichte des Wertpapierhandels reicht bis ins Mittelalter zurück, als die ersten Börsenplätze für den Handel mit Waren und Krediten entstanden. Die ersten Aktien im modernen Sinne wurden im 17. Jahrhundert von europäischen Handelsgesellschaften ausgegeben, die Kapital für ihre Überseegeschäfte benötigten.

Die erste feste **Börse** wurde in Amsterdam errichtet, wo die berühmte niederländische Ostindien-Kompanie ihre Aktien handelte.

Der Wertpapierhandel entwickelte sich im Laufe der Zeit zu einem globalen Markt, der von verschiedenen Gesetzen, Institutionen und Technologien beeinflusst wurde. Hier ist eine kurze Zusammenfassung der wichtigsten Ereignisse und Entwicklungen in der Geschichte des Wertpapierhandels:

- **1288**: Die erste bekannte Aktie wird in Schweden ausgestellt, die einen Anteil an einer Kupfermine bezeugt.
- **1409**: Die erste Börse wird in Brügge gegründet, wo Händler sich treffen, um Waren zu tauschen.
- **1600**: Die britische East India Company wird gegründet und gibt 101 Anteilsscheine aus, um ihre Handelsaktivitäten in Asien zu finanzieren.

- **1612/13**: Die erste feste Börse wird in Amsterdam gebaut, wo die Aktien der niederländischen Ostindien-Kompanie und anderer Handelsgesellschaften gehandelt werden.
- **1688**: Die London Stock Exchange wird gegründet, die bald zur führenden Börse in Europa wird.
- **1792**: Die New York Stock Exchange wird gegründet, die zur wichtigsten Börse in Amerika wird.
- **1848**: Die Chicago Board of Trade wird gegründet, die den Handel mit Agrarprodukten und später mit Terminkontrakten ermöglicht.
- **1867**: Der erste elektrische Börsenticker wird erfunden, der die Kurse von Wertpapieren in Echtzeit überträgt.
- **1896**: Der Dow Jones Industrial Average wird eingeführt, der den Wert von zwölf führenden US-Industrieaktien misst.
- **1914**: Der Erste Weltkrieg führt zur Schließung der meisten Börsen für mehrere Monate.
- **1929**: Der Schwarze Donnerstag löst den Börsencrash von 1929 aus, der eine weltweite Wirtschaftskrise auslöst.
- **1934**: Der Securities and Exchange Act wird verabschiedet, der die US-Börsenaufsichtsbehörde SEC schafft, um den Wertpapierhandel zu regulieren.
- **1971**: Die NASDAQ wird gegründet, welche die erste elektronische Börse ist, die den Handel ohne physischen Standort ermöglicht.
- **1986**: Der Big Bang findet in London statt, der die Deregulierung und Modernisierung des britischen Wertpapiermarktes beinhaltet.
- **1987**: Der Schwarze Montag ereignet sich, der den größten eintägigen Börsensturz in der Geschichte verursacht.
- **1997**: Die Deutsche Börse wird gegründet, die aus der Fusion der Frankfurter Wertpapierbörse und der Deutschen Terminbörse entsteht.
- **2000**: Die Dotcom-Blase platzt, was einen starken Rückgang der Aktienkurse von Internet-Unternehmen verursacht.
- **2007–2009**: Die globale Finanzkrise bricht aus, die durch die Subprime-Hypothekenkrise in den USA ausgelöst wird. Die Börsen erleben starke Turbulenzen und Verluste.
- **2010**: Der Flash-Crash findet statt, der einen plötzlichen und kurzlebigen Einbruch des US-Aktienmarktes verursacht, der durch einen algorithmischen Handelsfehler ausgelöst wird.
- **2020–2021**: Die COVID-19-Pandemie führt zu einer weltweiten Rezession und zu starken Schwankungen der Börsenkurse. Gleichzeitig

kommt es zu einem Anstieg des Online-Handels und zu Phänomenen wie dem GameStop-Hype, der durch soziale Medien und Privatanleger angeheizt wurde.

Der Wertpapierhandel ist also ein historisch gewachsenes und dynamisches Phänomen, das die Entwicklung der Wirtschaft, der Gesellschaft und der Technologie widerspiegelt. Er bietet Chancen und Risiken für Anleger, Unternehmen und Staaten. Er ist sowohl ein Spiegel als auch ein Motor der globalen Finanzwelt. Der Wertpapierhandel hat sich in den vergangenen Jahren zu einem wichtigen Faktor für die langfristige Altersvorsorge entwickelt. Vor allem in den USA spielt er dafür eine zentrale Rolle. Es ist daher nicht überraschend, dass viele Finanzmarktinnovationen, wie auch ETFs, ihre Wurzeln in den USA haben.

Was waren die entscheidenden Faktoren für die Entstehung von Indexfonds?

Der erste **Indexfonds**, je nach Definition, wurde Anfang der 1970er-Jahre aufgelegt. Davor gab es wichtige wissenschaftliche Erkenntnisse, die für die Entstehung verantwortlich waren.

Im Jahr 1952 veröffentlichte der Ökonom Harry Markowitz seine Dissertation. Er begründete darin die **moderne Portfoliotheorie** (siehe auch Kapitel *Weshalb gibt es aktive und passive Fonds?*). Er demonstrierte zum ersten Mal, wie man ein Portfolio rendite- und risikooptimiert aufstellt – und zwar durch Diversifikation. Markowitz erhielt 1990 den Wirtschaftsnobelpreis für dieses Projekt.

Markowitz traf wenig später auf **Sharpe**, der das Modell von Markowitz dahin gehend vereinfachte, dass er die Schwankungen von Aktien im Verhältnis zum Gesamtmarkt anstatt direkt zueinander berechnete. Die Worte „Beta“ (der Gesamtmarkt) und „Alpha“ (Abweichung vom Gesamtmarkt) sind seitdem Schlüsselbegriffe für eine gesamte Industrie.

Sharpe entwickelte das **Capital Asset Pricing Modell (CAPM)**, was es Anlegern ermöglicht, Finanzinstrumente zu bewerten. Es zeigte sich, dass für die meisten Anleger und Anlegerinnen ein Investment in den gesamten Markt die größten Chancen biete.

Eugene Fama, ein weiterer Chicagoer Ökonom, zeigt, warum das Marktportfolio optimal ist. Er begründete 1970 die **Effizienzmarkthypothese**. Diese argumentiert, dass in Wertpapierpreisen stets alle Informationen vorhanden sind – sie wird bis heute kontrovers diskutiert. Warum gibt es z. B. kurzzeitige Abweichungen in Form von Krisen und Spekulationsblasen? Hierzu werden wir später ausführlicher berichten.

In diesem Kontext sollten wir auch Paul Samuelson erwähnen, bis heute einer der berühmtesten Ökonomen seiner Zeit. 1954 wird dieser auf eine Doktorarbeit des französischen Mathematikers **Louis Bachelier** aufmerksam. Die „Theory of Speculation" von Bachelier untersuchte bereits Ende des 19. Jahrhunderts, ob sich die Wertentwicklung von Finanzinstrumenten statistisch vorhersagen lässt. Er gab darin erste Hinweise auf das sogenannte „Random Walk" Konzept, nachdem es nicht möglich ist, auf Basis der vergangenen Wertentwicklung, auf die Zukunft zu schließen. Bis heute gibt es zahlreiche Hinweise darauf, dass aktives Portfoliomanagement basierend auf historischen Informationen keine systematischen Vorteile bietet.

Um die Renditen von Fonds vergleichbar zu machen, sind zwei weitere Elemente notwendig: eine wissenschaftliche Untersuchung über die am Kapitalmarkt möglichen Renditen und ein Vergleichsmaß, auch → **Index** genannt.

1957 entwickelte Standard & Poors (S&P) erstmalig den S&P 500 Index. Dieser Index bildet die 500 größten US-Aktien ab. Der Index ist ein zentraler Leitindex und zählt zu den wichtigsten globalen Indizes (siehe Kapitel *Wie unterscheiden sich ETFs?*).

Um herauszufinden, wie viel Renditepotenzial Aktien langfristig besitzen, spendete die Bank Merrill Lynch an die Universität Chicago, um das Center for Research in Security Prices (CRSP) – genannt Crisp – zu gründen. CRSP fand 1964 heraus, dass Anleger und Anlegerinnen inklusive aller **Dividenden** in den USA zwischen 1926 – 1960 bis zu 9 % p. a. Rendite erwirtschaften konnten. Es war also zum ersten Mal möglich, das Können eines aktiven Fondsmanagers zu vergleichen. Ohne Internet war die Informationsverbreitung dieser Erkenntnisse sehr langsam. Die meisten professionellen Fondsmanager hatten kein Interesse an der Verbreitung solcher Studien.

Der erste Indexfonds wurde 1971 von Wells Fargo für ausgewählte institutionelle Anleger aufgelegt, allerdings ohne größeren Erfolg. Der ausgewählte "Equal-Weight-Index" gewichtete alle gelisteten Aktien am New York Stock Exchange (NYSE) gleich, was zu erheblichen Handelskosten führte. Hierdurch ließ sich der Index nicht genau genug abbilden. Auch dies ist einer der Gründe, warum sich bis heute Indizes, die nach der **Marktkapitalisierung** gewichtet sind, durchgesetzt haben (siehe Kapitel *Wie unterscheiden sich ETFs?*).

Die American National Bank in Chicago hatte im September 1973 den ersten Indexfonds auf den S&P 500 Index aufgelegt. Kurz darauf folgte Wells Fargo mit dem gleichen Produkt. Die Firma Batterymarch plante bereits 1972 ähnliches, gelangte aber erst 1974 an Investorengelder. Ende 1975 verwalteten Wells Fargo, Batterymarch und die American National Bank alle erfolgreich günstige Indexfonds für Pensionsfonds und Stiftungen.

An die breite Masse gelangten Indexfonds erst durch Jack Bogle, Gründer der Fondsgesellschaft **Vanguard**. **Jack Bogle**, einer der Pioniere der Indexfondsindustrie, gründete Vanguard 1975, um die Administration von einigen aktiv gemanagten Wellington Fonds zu übernehmen. Vanguard gehörte zunächst den Anteilseignern der Wellington Fonds, für die sie die Administration übernahm. Dadurch entstand de facto eine Genossenschaft, innerhalb dessen es keine anderen Anteilseigner gibt als die Kunden, die in Vanguard Fonds investieren.

Bogle, viele Jahre der CEO von Wellington, scheiterte zuvor mit seinem Vorhaben, Wellington in diese Eigentümerstruktur umzufirmieren. Für ihn war dies jedoch die sinnvollste Struktur, um Investorengelder ohne Interessenkonflikte zu verwalten. **Bogle** selbst wurde 1974 auf einen Artikel im Journal of Portfoliomanagement von **Paul Samuelson** aufmerksam. Dieser Artikel legte die zunehmende Evidenz aus der Wissenschaft dar, dass professionelle Fondsmanager häufig hinter der Marktrendite bleiben. Samuelson forderte in dieser Veröffentlichung die Industrie implizit dazu auf, mehr Indexfonds aufzulegen. Bogle sah hierin eine Chance, da es bisher keinen Indexfonds für einfache Endanleger gab und die Industrie kein Interesse hatte, sich für passives Investieren einzusetzen.

Vanguard schien sich hier besonders zu eignen, um die Indexfondsrevolution voranzutreiben, denn die genossenschaftliche Eigentümerstruktur ermöglicht es, Fonds möglichst kosteneffizient zu verwalten. 1976 wurde von Vanguard der **Verkaufsprospekt** für den ersten Indexfonds für Privatanleger bei der United States Securities and Exchange Commission (SEC) eingereicht. Er sollte 0,3 % Verwaltungsgebühr kosten – ohne jegliche Ausgabeaufschläge. Für den Start sammelten die von Vanguard beauftragten Vertriebspartner lediglich knappe 11 Millionen US-Dollar ein. Dies reichte jedoch, um etwa 200 der Aktien im S&P 500 Index zu kaufen.

Bogle hielt trotz anfänglicher Schwierigkeiten am passiven Investieren fest. Vanguard ist die erste Fondsgesellschaft, die komplett auf Vertriebsprovisionen verzichtete – obwohl dies in den meisten Ländern der übliche Weg ist, Fonds an Intermediäre zu vertreiben. Vanguard ist heute (Stand: 2025) die zweitgrößte **Fondsgesellschaft** der Welt und größter Anbieter klassischer Indexfonds. Vanguard legte hiermit den Grundstein einer Investmentphilosophie, die die gesamte Fondsindustrie bis heute revolutioniert und herausfordert.

Seitdem ist das von Indexfonds verwaltete Vermögen stetig gewachsen. Dies liegt ebenfalls am Altersvorsorgesystem der USA, welches die Verantwortung für die Vorsorge größtenteils in die Hände der Bürger legt. Bereits 1978 führte der „Revenue Act“ sogenannte „401k-Pläne“ ein; eine Art betriebliche Altersvorsorge, mit der US-Bürger über Aktien und Fonds ihre Altersvorsorge steuereffizient aufbauen können. Die Index-Industrie erlebt seit dieser Entwicklung enormen Rückenwind, da kosteneffiziente Anlagelösungen im Fokus stehen.

Neue Mittelzuflüsse in Indexfonds - einschließlich ETFs

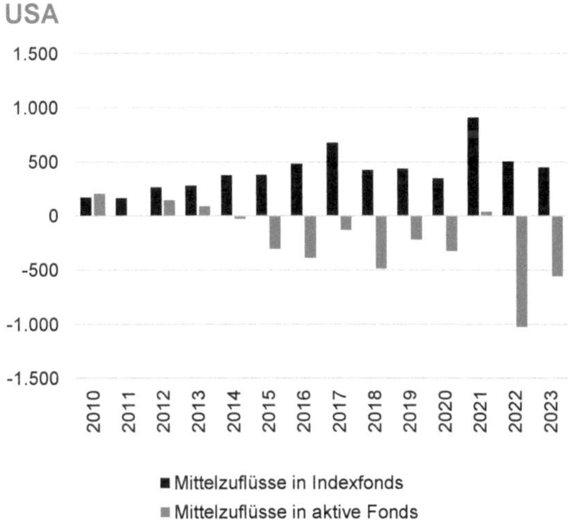

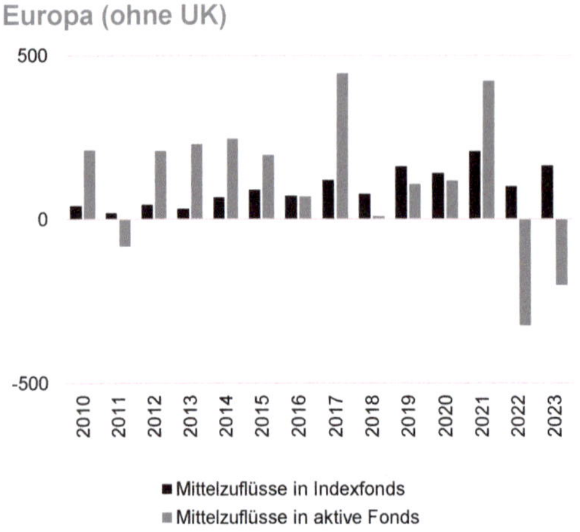

Abb. 1 (Zahlen in Milliarden USD): Der Aufstieg des Indexings (Quelle: Vanguard, ISS Market Intelligence Simfund. Ohne Geldmarktfonds und Dachfonds. Europa ex UK beinhaltet Frankreich, Deutschland, Italien, Irland, Luxemburg, Niederlande und die Schweiz. Daten per 31. Dezember 2023)

Warum wurden ETFs entwickelt?

ETFs ermöglichen es, untertägig Anteile an der Börse zu kaufen oder verkaufen. Diese zusätzliche **Liquidität** schätzen heutzutage Millionen von Anleger und Anlegerinnen weltweit. Wie kommt man auf die Idee, einen Indexfonds überhaupt an die Börse zu bringen?

Nathan Most, seinerzeit Produktchef der amerikanischen Börse (American Stock Exchange, kurz Amex), initiierte laut Wigglesworth (siehe Literaturverzeichnis) die ersten Überlegungen, um Anlegern und Anlegerinnen mehr Flexibilität im Handel zu ermöglichen. Er plante hiermit den Umsatz der Amex mit einer neuen Produktidee zu beflügeln. Er schlug Jack Bogle von Vanguard vor, die eigenen Indexfonds an die Börse zu bringen. Bogle verwarf diesen Vorschlag, weil er nicht wollte, dass sich Anleger von der untertägigen Handelbarkeit zu Fehlentscheidungen hinreißen lassen. Später bemerkte er:

> „Ich hatte keine Ahnung, dass die ETF-Idee innerhalb eines Jahrzehnts eine Flamme entfachen würde, die nicht nur die Art des Indexings, sondern auch den

gesamten Bereich des Investierens verändern würde. Ich kann Nathan Mosts visionäre Erfindung des ETF ohne Zögern, als die bisher erfolgreichste Finanzmarketing-Idee des 20. Jahrhunderts beschreiben. Ob sie sich als die erfolgreichste Anlageidee des Jahrhunderts erweisen wird, bleibt abzuwarten."

Most fand mit State Street einen anderen Partner, um die Idee des ersten amerikanischen börsengehandelten Indexfonds zu verwirklichen. Den ersten ETF legten allerdings Kanadier auf, ein ambitioniertes Projekt, welches von der Börse in Toronto gesponsort wurde. Die kanadischen Aufsichtsbehörden waren schlichtweg schneller im Genehmigen des Verkaufsprospektes als die amerikanische SEC. Bis heute gilt allerdings der SPDR S&P 500 ETF Trust von State Street, kurz Spider genannt, als wirklicher Vorläufer der ETF-Industrie. Der ETF existiert bis heute und ist einer der größten und liquidesten seiner Art. Laut Financial Times wurden 2022 in diesem ETF über $39 Mrd. Dollar pro Tag gehandelt – das ist etwa das Dreifache des Handelsvolumens aller Apple Aktien.

In der nachstehenden Tabelle sind einige wichtige Meilensteine aufgeführt.

Jahr	**Ereignis**
1990	Auflage des ersten ETFs in Kanada: Der Toronto 35 Index Participation Fund, kurz TIPS genannt.
1992	Auflage des ersten ETFs in den USA: Das SuperShares Projekt von der Investmentfirma LOR – wurde 1995 allerdings wieder liquidiert.
1993	Auflage des SPDR S&P 500 ETF.
2000	ETFs gelangen nach Europa: Die Deutsche Börse war Vorreiter mit zwei ETFs auf die beiden europäischen Bluechip-Indizes EURO STOXX 50 und STOXX Europe 50. Der Emittent beider Produkte hieß damals Merrill Lynch International. Heute gehören beide Investmentvehikel zu iShares.
2001	Der erste in Deutschland handelbare Dax-ETF, emittiert von Indexchange, einer ehemaligen Tochter der Hypovereinsbank. Auch dieser ETF gehört heute zu iShares.
2024	Es werden laut ETF GI über 10.000 ETFs weltweit angeboten mit über 10 Billionen US-Dollar Anlagevermögen.

Tab. 1: Ausgewählte Meilensteine der ETF-Industrie (eigene Darstellung)

Literaturtipp | Sehr empfehlenswertes Buch, um tiefer in die Geschichte des Indexings einzutauchen: Wigglesworth R. (2021). Trillions

Welche Unterschiede gibt es zwischen ETFs und Indexfonds?

ETFs und Indexfonds unterscheiden sich in vielerlei Hinsicht. Die Unterschiede liegen in der Handelbarkeit und Verfügbarkeit von Indexfonds, zumindest für Privatanleger und Privatanlegerinnen. Indexfonds sind in der Europäischen Union in der Regel für Endanleger schwer zu erwerben. In den Ländern, in denen seit Jahren die Plattformverfügbarkeit gewährleistet ist, gibt es ein größeres Angebot (Beispiel: UK). Viele Plattformen hatten in der Vergangenheit nicht die technischen Möglichkeiten oder auch nicht das ökonomische Interesse, Indexfonds der breiten Masse zugänglich zu machen. Indexfonds wurden daher nur professionellen Anlegern zugänglich gemacht. Diese Brücke schlagen ETFs, indem sie wie Aktien an der Börse verfügbar sind. Aufgrund des bestehenden Abwicklungsmodells für Aktien haben Onlinebroker und Direktbanken maßgeblich zur Verbreitung beigetragen.

Merkmale	**Indexfonds**	**ETF**
Indexnachbildung	1:1	Passive und aktive ETFs: 1:1 (Bei aktiven ETFs werden i. d. R. aktive Benchmarks abgebildet)
Diversifikation	Hoch	Hoch
Kosten	Gering	Gering
Handelsplatz	Fondsgesellschaft, Intermediäre (Plattformen, Banken)	Börse, Außerbörslich, Intermediäre (Plattformen, Banken)
Handel	1x täglich	Börsentäglich fortlaufend
Mindesthandelsvolumen	Ein Anteil	Bruchteile möglich
Orderannahme	T-1	Fortlaufend zu Börsenzeiten
Valutadatum	T+2	T+1, T+2 oder T+3

Preis	NAV (T) / Swing-Pricing möglich	Ausführungskurs oder NAV (T)
Rechtsform	Sondervermögen	Sondervermögen

Tab. 2: Unterschiede zwischen Indexfonds und ETFs (eigene Darstellung)

Indexfonds können täglich über die **Kapitalverwaltungsgesellschaft** (KVG) oder Intermediäre wie Banken ge- oder verkauft werden. Die Verwaltung von Investmentvermögen obliegt der Fondsgesellschaft. Allerdings erfolgt hier die Preisfeststellung anders als beim ETF (siehe Tab. 1). So muss eine Order bis zur sogenannten Cut-Off Zeit (Bspw. 13 Uhr) am Vortag bei der KVG eingegangen sein. Der **NAV** gibt den Gesamtwert des Fondsvermögens an. Durch die Aufteilung des Vermögens durch die ausstehenden Fondsanteile erhält man den Preis pro Anteil. Erreicht die Order die KVG ordnungsgemäß, erhalten Anleger und Anlegerinnen Anteile zum NAV des darauffolgenden Tages „T". Hierbei spricht man von einer Orderannahme „T-1". Die erworbenen Anteile wiederum landen einige Werktage („T+2") später physisch im Depot des Käufers.

Bei einigen Indexfonds kann es je nach Handelsaktivität am jeweiligen Tag zu einer Anpassung des NAVs kommen. In der Praxis wird dies als „Swung" oder „Unswung" NAV bezeichnet. Die Fondsgesellschaft ändert den NAV künstlich nach oben oder unten, um die Transaktionskosten fair auf den Käufer oder Verkäufer abzuwälzen. Die bestehenden Investoren werden so vor großen Transaktionen, die mehrere Prozentpunkte des Fondsvolumens ausmachen, geschützt. In einem späteren Kapitel werden wir auf den Handel mit ETFs eingehen.

Wer bietet ETFs an?

ETFs werden von KVGs herausgegeben, die auf das Management von passiven Anlagelösungen spezialisiert sind. Allein in Europa gibt es über 30 Anbieter. Global gesehen machen die großen Drei, Blackrock, Vanguard und State Street, den Großteil des Angebots aus.

Der weltweit größte ETF-Markt ist in den USA. Auch in Zukunft wird sich das Bild noch weiter konzentrieren, denn das Geschäft profitiert von Skaleneffekten. Die Eintrittsbarrieren sind hoch. In Europa haben sich unter anderem folgende Anbieter über die Jahre etabliert:

- iShares (Blackrock)
- Vanguard
- Invesco
- Xtrackers
- BNP Paribas
- Amundi ETF
- SPDR ETF (State Street)
- J.P. Morgan
- HSBC ETF
- UBS ETF
- Legal & General (LGIM)

Wie sind ETFs in Europa reguliert?

Die allermeisten ETFs in Europa sind aufsichtsrechtlich Investmentgesellschaften, die gemäß den „**Organismen für gemeinsame Anlagen in Wertpapiere**“ (OGAW) reguliert sind. In Europa wird diese Richtlinie auch unter dem Namen „**Undertakings für Collective Investments in Transferable Securities**“ (UCITS) geführt. Die OGAW-Richtlinie dient dem Anlegerschutz. Am 18. März 2016 ist das OGAW-V-Umsetzungsgesetz in Kraft getreten. Es setzt die Vorgaben der europäischen OGAW-V-Richtlinie in Deutschland um. Sie regelt, wie Investmentfonds investieren und stellt so eine europaweite Harmonisierung der Anlagepolitik sicher.

OGAW-Fonds investieren nur in liquide Anlageklassen, eine gewisse Diversifikation ist vorgeschrieben und die Anlagen sind als Sondervermögen geschützt. ETF-Anbieter benötigen in Deutschland für den Vertrieb eine Genehmigung, die von der Bundesanstalt für Finanzdienstleistungsaufsicht (BaFin) gewährt wird. Die BaFin prüft alle Anlagebedingungen vor Auflage genau und stimmt diesen zu, bevor die Produkte in den Vertrieb gehen dürfen.

Wie werden ETFs konstruiert?

Anleger und Anlegerinnen können in physische oder synthetische ETFs investieren. → **Physische ETFs** haben das Ziel, alle oder zumindest einen großen Teil der Wertpapiere des Index zu halten. Synthetische ETFs verwenden Derivate (Swaps), um die Benchmark abzubilden. Derivate sind Finanzinstrumente für indirekte Investments, wie etwa Zertifikate, Optionen oder Futures. Ihnen liegen Basiswerte zugrunde, von denen die Preisentwicklung des Derivats abhängt. Die Basiswerte können Güter sein oder andere Investmentprodukte wie Anleihen, Aktien oder Indizes. Weltweit werden deutlich mehr ETFs physisch abgebildet als synthetisch. Physische ETFs sind transparenter und einfacher zu verstehen. Sie erfreuen sich daher gerade bei Endanleger und Endanlegerinnen größerer Beliebtheit.

Bei → **synthetischen ETFs** gibt es allerdings regionale Unterschiede. Der Anteil der synthetisch replizierenden ETFs liegt in Europa deutlich höher als in anderen Regionen. In Europa ergeben sich sogar teilweise steuerliche Vorteile, insbesondere bei irischen ETFs, die Aktien aus den USA (Beispiel: S&P 500 ETFs) abbilden. In den USA haben synthetische ETFs dagegen steuerliche Nachteile, weshalb im größten Kapitalmarkt der Welt die physische Replikation deutlich beliebter ist (Dickson, Mance und Rowley). Synthetische ETFs können den Tracking Error (siehe Kapitel *Wie unterscheiden sich ETFs?*) zur Benchmark geringer halten und werden oft genutzt, um Nischenmärkte abzubilden.

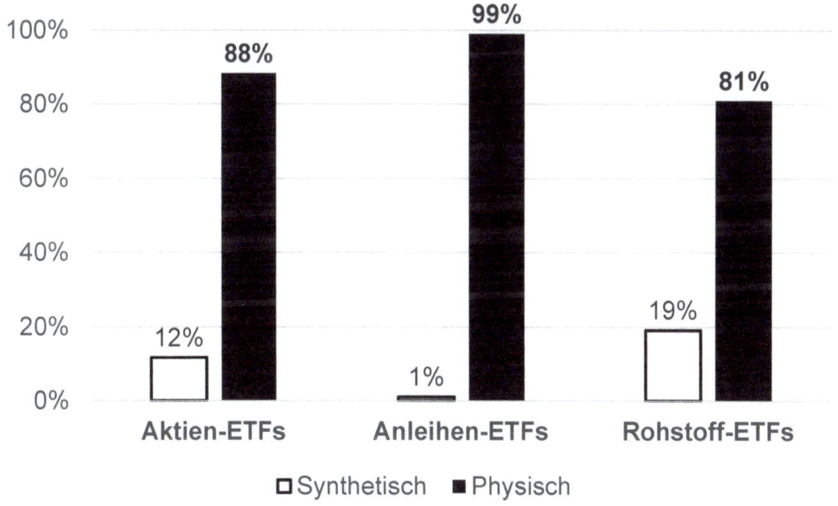

Abb. 2: Replikationsmethoden von in Europa domizilierten ETFs (Quelle: Vanguard, Bloomberg, Stand: 21. November 2023)

Wie funktioniert die physische Replikation?

Physische ETFs replizieren die Benchmark entweder vollständig oder mithilfe eines Subsets (einer Teilauswahl) an Wertpapieren: Hier wird unterschieden zwischen „**Optimierung**" oder „**Sampling**".

Physische Vollreplikation:
Diese Methode wird verwendet, um sehr liquide Indizes abzubilden wie der S&P 500 Index. Hierbei wird jedes einzelne Wertpapier des Index vom ETF gekauft und gehalten. Im Übrigen beschreibt **Liquidität** im Börsenhandel, in welchem Maß ein Wertpapier jederzeit ver- und gekauft werden kann.

Sampling und Optimierung:
Fondsgesellschaften wählen Sampling- oder Optimierungsansätze, wenn es kostenintensiv wäre, jedes Wertpapier zu kaufen. Gerade ETFs auf Anleihemärkte nutzen diese Art der Abbildung, da eine perfekte Abbildung aufgrund der hohen Anzahl an Einzeltiteln nicht möglich oder sinnvoll erscheint. Während Aktienindizes in der Regel nur wenige Hundert bis Tausend Titel beinhalten, können Anleiheindizes Zehntausende Wertpapiere beinhalten. Das Portfoliomanagement ist daher komplexer.

Die Optimierungsvariante geht einen Schritt weiter und versucht zusätzlich mithilfe von Algorithmen den Tracking Error möglichst gering zu halten (siehe Kapitel *Wie unterscheiden sich ETFs?*). Trotz Optimierung bleibt der Tracking Error zur Benchmark meist höher als bei der Vollreplikation.

Welche Anwendungsgebiete gibt es im Bereich der synthetischen Replikation?

Während physisch replizierende ETFs alle oder eine Auswahl der im Index befindlichen Wertpapiere kaufen, nutzen synthetische ETFs hierfür **Derivate** in Form von **Swaps**. Konkret verpflichtet sich die Swap-Gegenpartei für eine Gebühr, die Performance vom Index gegen die des Wertpapierkorbes zu tauschen. Die Kosten trägt der ETF. Rohstoffindizes sind ein sehr bekanntes Beispiel für Indizes, die eine synthetische Abbildung voraussetzen. In diesem Buch werden wir zwei Abbildungsmodelle innerhalb der synthetischen Replikation vorstellen: die „**Unfunded**"- und „**Funded**"-Variante.

Wie funktioniert die synthetische Replikation?

Das Unfunded Swap Modell:
Beim Unfunded Swap Modell geht der synthetische ETF eine Total Return Swap Vereinbarung mit einer oder mehreren Gegenparteien ein. Bei einem Total Return Swap leistet eine Partei Zahlungen zu einem festgelegten Satz wie die Indexperformance, während die andere Partei Zahlungen auf der Grundlage des Satzes eines Referenzbaskets leistet. Total Return Swaps ermöglichen es der Partei exakt die Rendite des Index zu erhalten ohne alle Wertpapiere zu besitzen. Mithilfe des Bargeldbestandes des ETFs kaufen die Portfoliomanager einen für das Geschäft erforderlichen Wertpapierkorb, auch **Referenzbasket** genannt. Die Gegenpartei verspricht die Indexperformance zu liefern. Der ETF tauscht also die Performance des Referenzbaskets gegen die Indexperformance. Bei dieser Variante können für den Referenzbasket auch Wertpapiere genommen werden, die nicht im jeweiligen Vergleichsindex enthalten sind. Größere strukturelle Abweichungen sind üblich.

Sollte(n) die Gegenpartei(en) ausfallen, können Anleger und Anlegerinnen einen Verlust erleiden. Das tägliche Verlustrisiko ist allerdings auf maximal 10 % des Fondsvermögens begrenzt, so will es der Regulator gemäß OGAW-Richtlinien. Mittlerweile werden die Wertpapiere des Referenzbaskets auf der Website der Fondsgesellschaft veröffentlicht. Hierdurch können sich Investoren zumindest einen Überblick über das Risiko verschaffen.

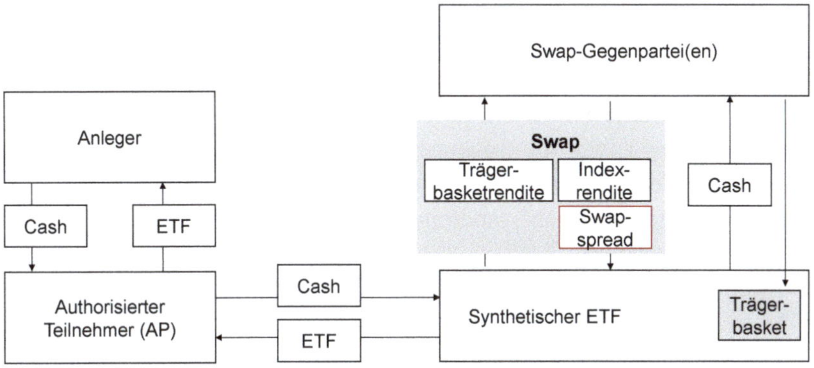

Abb. 3: Das Unfunded Swap Modell (Quelle: eigene Darstellung, Vanguard)

Das Funded Swap Modell:
Beim Funded Swap Modell wird der Bargeldbestand des ETFs direkt zu den Gegenparteien transferiert. Diese verspricht dem ETF die Performance des Index gemäß Swapbedingungen. Um das Risiko zu minimieren, hinterlegt die Gegenpartei Sicherheiten bei einem Treuhänder. Der ETF hat stets Anspruch auf die hinterlegten **Sicherheiten**. Welche Wertpapiere sich als Sicherheiten eignen, ist in Europa reguliert. Alle Geschäfte unterliegen täglich streng einzuhaltenden Liquiditätsstandards. Die Sicherheiten unterscheiden sich in der Regel vom Referenzindex. Anleger und Anlegerinnen sollten sich daher mit den Sicherheiten vertraut machen.

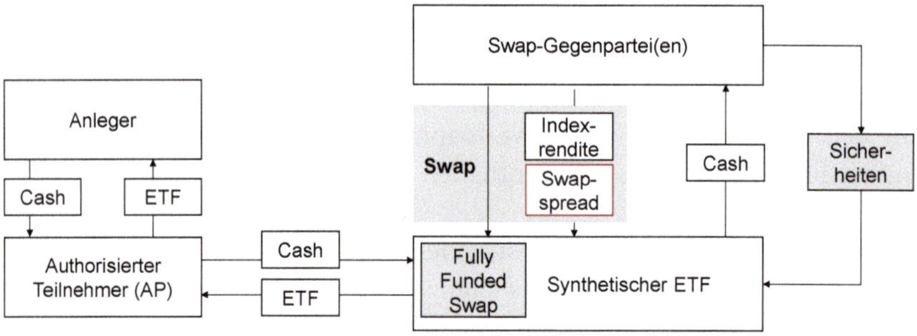

Abb. 4: Das Funded Swap Modell (Quelle: eigene Darstellung, Vanguard)

Welche Risiken bestehen bei der synthetischen Replikation für Anleger?

Allgemein besteht für ETFs ein Abbildungsrisiko. Bei synthetischen ETFs sind die Hauptfaktoren für die Abweichung zum Index die Gesamtkostenquote des ETFs sowie die Swapgebühren. Letztere können positiv oder negativ für die Wertentwicklung sein. Da Swaps Termingeschäfte sind, können sich die Vertragsbestandteile jederzeit ändern, teilweise mehrmals innerhalb eines Jahres.

Neben dem allgemeinen Marktrisiko besteht auch das Gegenparteirisiko. Sollte eine Gegenpartei ausfallen und die dafür vorgesehenen Sicherheiten nicht ausreichen, können Anleger und Anlegerinnen Verluste erleiden. Um diese zu schützen, werden oftmals mehr Sicherheiten als notwendig hinterlegt, um genau für diesen Ausnahmefall bestmöglich abgesichert zu sein.

Die EZB hat 2018 den gesamten ETF-Markt hinsichtlich des Liquiditäts- und Gegenparteirisikos geprüft. Die Analyse zeigt, dass das Gegenparteirisiko bei ETFs, bedingt durch synthetische ETFs oder auch aufgrund von Wertpapierleihgeschäften, einen Einfluss auf den Finanzmarkt haben kann. Anlegerverhalten in Krisenzeiten kann Verkaufswellen zusätzlich verstärken (siehe auch Abschnitt *Haben sich ETFs auch in schwierigen Marktphasen bewährt?*). Vor allem der Markt für synthetische ETFs ist allerdings noch so klein, dass die EZB die Finanzmarktstabilität aktuell nicht in Gefahr sieht (Grill, Lambert, Marquardt, Watfe, Weistroffer).

Welche Überlegungen sollten Anleger und Anlegerinnen bei der Wahl eines synthetischen ETFs treffen?

Für viele Anleger ist die Konstruktionsweise von synthetischen ETFs schwer nachvollziehbar. Folgende Fragen können bei der Auswahl behilflich sein:

- Werden Swapgeschäfte nur mit einer oder mehreren Gegenparteien getätigt?
- Ist die gesamte Wertschöpfungskette (**Fondsgesellschaft**, **Market-Maker**, **Swapgegenpartei** und **Verwahrstelle**) transparent und frei von Interessenkonflikten?
- Wie hoch sind die Swapkosten?
- Nach welchen Regeln wird der Referenzbasket ausgewählt?
- Welche Ausfallregeln gelten?
- Bei Funded Swap Modellen: Wie einfach gelangen Anleger an die Sicherheiten? Liegt eine Verpfändung der Sicherheiten vor?

Welche Vor- und Nachteile ergeben sich bei den unterschiedlichen Replikationsmethoden?

Bei der Auswahl von ETFs sollten Anleger und Anlegerinnen einige Faktoren berücksichtigen wie Besitzverhältnisse, Abbildungserwartungen, **Assetklasse** und die gewünschte Transparenz. Während physische ETFs alle Wertpapiere direkt halten, haben synthetische ETFs Anspruch auf den **Referenzbasket** oder die hinterlegten Sicherheiten.

Synthetische ETFs können gewisse Märkte besser abbilden, da die Indexrendite von der Gegenpartei zugesichert wird. Bei physischen ETFs kann daher der **Tracking Error** höher sein, da mehr Kosten entstehen über Transaktionen, Rebalancing oder Kapitalmaßnahmen. (siehe unten: Welche technischen Unterscheidungsmerkmale gibt es zwischen ETFs?)

Die **Tracking Differenz** kann für synthetische ETFs höher oder geringer ausfallen. Die genauen Swapkosten und -konditionen einzusehen, kann relativ komplex sein. In gewissen Märkten besteht keine Alternative zur synthetischen Variante. Physische ETFs sind beliebter aufgrund ihrer Einfachheit und Transparenz.

Wie funktioniert der Handel von ETFs?

Expertenbeitrag von Frank Mohr: Head of ETF Sales Trading, Société Générale

Market-Maker sorgen dafür, dass im ETF-Handel jederzeit Geld- und Briefkurse (Kauf- und Verkaufskurse) gestellt werden. Dazu wird ein speziell für den ETF-Markt entwickelter Mechanismus eingesetzt.

Zunächst benötigt ein ETF-Anbieter, der einen ETF an der Börse listen (notieren) möchte, mindestens einen Designated Sponsor sowie einen **Authorized Participant (AP)**. Beide müssen die Liquidität des ETFs sicherstellen. Société Générale ist einer der größten ETF Market-Maker und Designated Sponsor in Europa. An XETRA, der größten deutschen Börse, sind z. Zt. 21 Market-Maker registriert, von denen 15 auch als **Designated Sponsor** tätig sind.

Der Designated Sponsor ist verpflichtet, nach den Vorgaben der Börse Geld- und Briefkurse zu stellen und die entsprechenden Stückzahlen zu zeigen. Der AP steuert den sogenannten Creation-Redemption-Prozess, da er das Recht hat, bei einem ETF-Anbieter neue ETF-Anteile zu zeichnen oder Anteile zurückzugeben. Ein Designated Sponsor oder Market-Maker kann auch als AP fungieren, muss es aber nicht zwangsläufig.

Dieser Prozess ermöglicht es dem AP, jederzeit die dem ETF zugrunde liegenden Aktien oder Anleihen an den ETF-Anbieter zu liefern und im Gegenzug neue ETF-Anteile zu erhalten (**Creation**). Solange der zugrunde liegende Markt liquide ist, führt dieser Mechanismus dazu, dass immer genügend ETF-Anteile zur Verfügung stehen. Dies bedeutet, dass auch ein ETF mit geringem Volumen sehr liquide gehandelt werden kann. Bei der **Redemption** verhält es sich umgekehrt.

Wie setzt sich die Liquidität eines ETFs zusammen?

Frank Mohr antwortet:

Der sichtbare Börsenhandel in Europa macht etwa 30–40 % des gesamten ETF-Umsatzes aus. Institutionelle Investoren kaufen und verkaufen ETFs meist im OTC-Markt über den direkten Kontakt mit Market-Makern und verzeichnen so 60–70 % des ETF-Umsatzes. Auch diese Transaktionen werden mit einer gewissen Verzögerung am Markt sichtbar. Größer als diese beiden Sekundärmärkte zusammen ist jedoch der Primärmarkt, auf dem die zugrundeliegenden Wertpapiere für ETFs angezapft werden. Die größte Liquiditätsquelle für den ETF-Markt ist also nicht direkt ersichtlich, erklärt aber die im Vergleich zu klassischen Anlagen enormen Liquiditätsreserven und damit implizite Sicherheit für die Anleger.

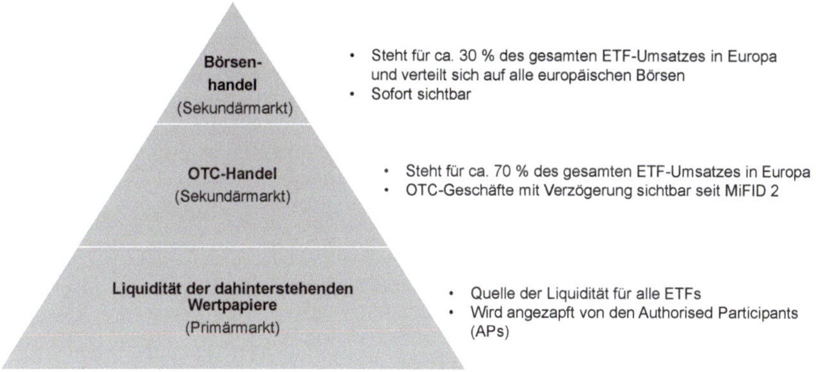

Abb. 5: Sichtbare und unsichtbare Liquidität im ETF-Handel (Quelle: eigene Darstellung, Société Générale)

Worauf sollten Anleger oder Anlegerinnen beim Handel von ETFs achten?

Frank Mohr antwortet:

Anleger oder Anlegerinnen sollten sich in erster Linie mit dem Index beschäftigen, in den sie mit ihrem ETF investieren wollen. Man sollte genau verstehen, wie der Index funktioniert oder ob der ETF etwa Erträge ausschüttet oder aufgelaufene Erträge thesauriert. Ebenso sollte man beim

Handel der ETFs mit einem Limit agieren, um sich vor ungewollten Kursschwankungen abzusichern. Bei einer **Limitorder** setzen Anleger eine Ober- oder Untergrenze fest, zu der sie bereit wären, den ETF zu kaufen oder verkaufen. Wird das Limit im gewählten Zeitraum nicht erreicht, kommt keine Transaktion zustande.

Welche Kosten entstehen durch den Erwerb von ETFs?

In der Praxis gibt es eine Vielzahl von Gründen, weshalb sich Anleger für oder gegen einen ETF entscheiden: Gesamtkostenquote, Index, Anbieter, Fondsgröße oder Liquidität werden immer wieder als Entscheidungskriterien genannt. Es ist wichtig, die Halte- und Handelskosten zu vergleichen, um ein umfassendes Bild zu erhalten.

Haltekosten	Handelskosten
• **Gesamtkostenquote** • Steuern und Transaktionskosten innerhalb des Fonds • **Swapgebühren** (synthetische ETFs) • **Wertpapierleihe** • Abbildungsqualität	• **Geld-Brief-Spannen** • Orderprovisionen des Brokers und Handelsplatzes (Direktbank oder Hausbank)

Tab. 3: Gegenüberstellung der Halte- und Handelskosten bei ETFs

Fondsgesellschaften sind in Europa gemäß der **MiFID-2**-Richtlinie dazu verpflichtet, sämtliche im Fonds anfallenden Kosten auf ihrer Website zu veröffentlichen. Anleger und Anlegerinnen können so bestmöglich verschiedene ETFs miteinander vergleichen. Neben den technischen Unterscheidungsmerkmalen (siehe Kapitel *Wie unterscheiden sich ETFs?*) ist es empfehlenswert zusätzlich die Handelskosten in der Gesamtkostenanalyse zu berücksichtigen.

Wie unterscheiden sich ETFs?

Bevor wir uns mit der Frage, weshalb es ETFs gibt, noch ausführlicher beschäftigen werden in den nächsten Kapiteln, lohnt es sich zunächst Unterschiede zwischen den ETFs zu erläutern. Dazu gehört auch ein detaillierter Blick auf Wertpapierindizes, welche die Grundlage für die Konstruktion von ETFs bilden. Aus diesem Grund werden wir zunächst das Konzept der "Assetklassen" kennenlernen.

Was ist eine Assetklasse?

Assetklassen sind eine wesentliche Grundlage für die Strukturierung von Anlageportfolios. Sie ermöglichen es Investoren, ihr Vermögen auf verschiedene Arten von Finanzprodukten zu verteilen, um Risiken zu minimieren und Renditen zu optimieren. Hier sind die wichtigsten Assetklassen:

1. **Aktien**: Aktien repräsentieren Unternehmensanteile. Investoren kaufen Aktien, um von Kurssteigerungen und Dividenden zu profitieren. Sie sind in der Regel volatil, d. h. die Kurse können stark schwanken, bieten aber langfristig hohe Renditen. Im Extremfall eines Konkurses droht aber auch der Totalverlust. Die Laufzeit von Aktien ist grundsätzlich unbegrenzt.
2. **Anleihen**: Anleihen, oft auch als Rentenpapiere bezeichnet, sind Schuldtitel, die von Unternehmen oder Regierungen ausgegeben werden. Investoren/Gläubiger leihen dem Emittenten/Schuldner Geld und erhalten Zinsen. Am Ende der Laufzeit wird der vereinbarte Nominalbetrag vom Schuldner zurückgezahlt. Anleihen sind weniger riskant als Aktien, bieten aber auch niedrigere Renditen. Selbst im Falle eines Konkurses erhalten die Anleihegläubiger zumindest noch einen Teil des verliehenen Geldes zurück.
3. **Rohstoffe**: Rohstoffe wie Gold, Öl und Getreide sind physische Güter. Sie dienen in Portfolios oft als Absicherung gegen Inflation und Währungsschwankungen.
4. **Immobilien**: Immobilieninvestitionen umfassen den Kauf von Wohn- oder Gewerbeimmobilien. Sie bieten Mieteinnahmen und potenzielle Wertsteigerungen.
5. **Geldmarkt**: Geldmarktinstrumente sind kurzfristige Schuldtitel mit geringem Risiko. Sie dienen der Liquiditätsanlage. Sie unterscheiden sich von Anleihen durch die Laufzeit bis maximal zwölf Monate und dadurch, dass in der Regel Zinsen nicht separat gezahlt werden, sondern im Rückzahlungsbetrag am Ende der Laufzeit enthalten sind.
6. **Kryptowährungen**: Digitale Währungen wie Bitcoin und Ethereum werden neuerdings auch als Assetklasse eingestuft. Sie sind sehr volatil, haben in der Regel keinen inneren Wert, bieten aber enorme Renditechancen.
7. **Alternative Investments**: Dazu gehören Hedgefonds, Private Equity und Venture-Capital. Damit sind primär Eigenkapitalinvestitionen in

Unternehmen angesprochen, die nicht an Börsen gehandelt werden. Diese sind für erfahrene Investoren geeignet und bieten oft hohe Renditen.

Die Wahl der richtigen Assetklassen hängt von individuellen Zielen, Risikobereitschaft und Anlagehorizont ab. Ein ausgewogenes Portfolio kombiniert verschiedene Assetklassen, um Diversifikation zu erreichen und das Risiko zu streuen. Dabei können ETFs eine wesentliche Rolle spielen.

Auf welche Assetklassen gibt es ETFs?

Grundsätzlich gibt es ETFs auf folgende Assetklassen:

- Aktien-ETFs
- Anleihen-ETFs
- ETFs auf alternative Assetklassen
- Multi-Asset ETFs und Modellportfolios (Kombination verschiedener Assetklassen)

Aktien-ETFs

Weltweit existieren über 40.000 Unternehmen, die an der Börse notiert sind. Gemessen an der Marktkapitalisierung deckt man jedoch mit ca. 10.000 Aktien die allermeisten ab, so wie im FTSE Global All Cap Index. Dieser Index enthält die wichtigsten Aktien von großen, mittleren und kleinen Unternehmen der Entwicklungs- und Schwellenländer. Die allermeisten ETFs decken große und mittlere Unternehmen ab (ca. 4.200 Unternehmen). Sie stehen somit für etwa 85-90% der Marktkapitalisierung weltweit. Nebenwerte (Small Caps) stellen die größere Anzahl an Aktien dar, jedoch liegt die Marktkapitalisierung nur bei 10–15 % gemessen am Gesamtuniversum.

Viele ETF-Anbieter ermöglichen es neben globalen und regionalen Länderindizes, in bestimmte Sektoren wie die Gesundheits- oder Technologiebranche zu investieren. Anleger und Anlegerinnen sollten sich stets bewusst sein, dass bei Sektoren nur ein Teilbereich des Marktes abgedeckt wird. Die allermeisten Anleger und Anlegerinnen nutzen hingehend die Möglichkeit, neben globalen Indizes (siehe oben), das Portfolio regionaler mit dezidierten Einzelbausteinen aufzuteilen und gegebenenfalls so eine andere Ländergewichtung aufzubauen. Obwohl die Gesamtkostenquote des Portfolios durch einen individuellen Aufbau in der Regel unter denen eines globalen ETFs liegt, entstehen zusätzliche Kosten und zeitlicher Aufwand für das Rebalancing, also das Anpassen an den Gesamtmarkt oder die Ursprungsallokation (siehe Kapitel *Wie baue ich mit ETFs ein Portfolio auf?*).

Seit den 2010er-Jahren gibt es Faktor-ETFs (Smart Beta), die alternative Indizes verfolgen. Diese Indizes stellen bestimmte Faktoren wie dividendenstarke oder unterbewertete Unternehmen dar. Diese ETFs sind darauf ausgerichtet, eine höhere Rendite zu erzielen als nach der Marktkapitalisierung gewichtete Indizes. Die Kosten für diese ETFs liegen in der Regel deutlich höher als bei klassischen ETFs.

Anleihen-ETFs

Anleihen-ETFs bilden die Rentenmärkte ab. Global ist der Anleihenmarkt sogar deutlich größer als der Anleihemarkt (Etwa doppelt so groß gemessen am Wert der ausstehenden Wertpapiere). Die größten Emittenten sind Staaten, gefolgt von Unternehmen. Zusätzlich existieren strukturierte Produkte wie Asset Backed Securities (ABS), Mortgage Backed Securities (MBS) oder andere verbriefte Schuldverschreibungen. Im Bloomberg Global-Aggregate Index sind bis zu 30.000 Anleihen jeglicher Emittenten abgebildet.

Die meisten Anleihen-ETFs basieren auf Investment-Grade-Anleihen. Diese haben eine geringere Ausfallwahrscheinlichkeit als Hochzinsanleihen (High Yield). Ratingstufen, die von Ratingagenturen herausgegeben werden, bieten einen Vergleich der Ausfallwahrscheinlichkeiten. AAA ist das beste **Rating** mit der geringsten Ausfallwahrscheinlichkeit, während BBB die letzte Stufe innerhalb eines Investment-Grade-Ratings darstellt. ETFs bieten insbesondere im Anleihensegment zusätzliche Liquidität, da Anleihen anders als viele Aktien häufig nicht an Börsen erworben werden. Anleger und Anlegerinnen sollten sich daher mit der zugrundeliegenden Liquidität der Anleihen im ETF vertraut machen.

Viele Anleger setzen auf Anleihen-ETFs, um die **Duration** innerhalb des Portfolios anzupassen. Die Duration entspricht der gewichteten Restlaufzeit der Papiere. In der Praxis wird unterschieden zwischen Geldmarkt- und Anleihe-ETFs. Als Geldmarkt werden Laufzeiten unter einem Jahr bezeichnet, sodass Anleihe-ETFs ab einem Jahr Laufzeit verfügbar sind. Laufzeitbänder können z. B. folgendermaßen aussehen:

- 1 – 5 Jahre
- 5 – 10 Jahre
- 10 – 20 Jahre
- über 20 Jahre

Anleihe-ETFs sind geeignet, um das Aktienrisiko zu diversifizieren, da die Korrelation zwischen den Assetklassen in der Regel gering ist.

ETFs auf alternative Assetklassen

Der wesentliche Unterschied zwischen Aktien oder Anleihen-ETFs gegenüber alternativen Anlageklassen liegt in der Liquidität. Sie werden auch als illiquide Assetklassen bezeichnet.

ETFs auf alternative Assetklassen sind primär im Rohstoff- oder Edelmetallbereich anzutreffen. Aber auch Immobilienmärkte, Hedgefonds oder Private-Equity-Indizes können verfolgt werden. Anlegerinnen und Anleger investieren in eine Teilmenge von Unternehmen, die in diesem Bereich tätig sind.

Viele Produkte sind allerdings rechtlich gesehen keine ETFs. Es handelt sich in der Regel um Exchange Traded Notes (ETNs) oder Exchange Traded Commodities (ETCs). Dies sind Schuldverschreibungen, die synthetisch repliziert werden. Folglich ist das Vermögen nicht wie beim ETF als Sondervermögen geschützt. Die Gründe für die andere rechtliche Struktur sind häufig rein praktischer Natur. Der Emittent müsste die Rohstoffe physisch aufbewahren, was mit hohen Kosten verbunden ist.

Multi-Asset ETFs und Modellportfolios

Eine weitere Entwicklung innerhalb der ETF-Industrie sind sogenannte Multi-Asset-ETFs. In diesen werden Aktien, Anleihen oder auch alternative Assetklassen in einem ETF abgebildet. In diesem Zusammenhang werden ganzheitliche Konzepte entwickelt, die auch als vermögensverwaltende ETFs bezeichnet werden. Das Rebalancing erfolgt meist automatisch innerhalb des ETFs.

Anleger und Anlegerinnen können so sehr effizient ein komplettes Portfolio darstellen. Diese ETFs erfreuen sich auch im Rahmen einer umfassenden Finanzplanung großer Beliebtheit. Da viele Anlegerinnen und Anleger nicht 100 % in Aktien investieren möchten, erlauben Multi-Asset ETFs, das Investment genau auf das Risikoprofil und die Risikopräferenz des Anlegers abzustimmen.

Modellportfolios ermöglichen Anlegern und Anlegerinnen, ETF-Portfolios mit mehreren ETFs aufzubauen. Dadurch können auch Multi-Asset-Portfolios aus mehreren Assetklassen aufgebaut werden. Anleger und Anlegerinnen sind lediglich für das Rebalancing verantwortlich. Die durchschnittliche Kostenquote von Modellportfolios ist in der Regel unter der von Multi-Asset-ETFs. Viele ETF-Anbieter sowie Onlineportale stellen Modellportfolioallokationen kostenfrei zur Verfügung. Sie unterstützen so Investoren beim Aufbau eines effizienten Portfolios.

Welche Rolle spielt der Index bei ETFs?

Ohne Index gibt es keine Möglichkeit einen passiven ETF aufzulegen. Doch was ist eigentlich ein Index genau?

Ein Index ist eine Zusammenstellung von Wertpapieren, die einen bestimmten Markt, eine Region oder auch nur einen Teilbereich davon abbilden. Indizes gibt es auf investierbare Assetklassen. Es ist kaum möglich, in Indizes direkt zu investieren. Anleger und Anlegerinnen benötigen daher immer ein Produkt, wie einen ETF oder ein **Derivat**. Indizes bieten eine Vergleichsbasis (Benchmark) für aktive Fondsmanager und dienen als Grundvoraussetzung für passive ETFs. Anleger und Anlegerinnen können an Indizes also die Wertentwicklung von Märkten nachverfolgen. Insgesamt existieren mehr Indizes als Aktien, insbesondere wenn man maßgeschneiderte Indizes berücksichtigt.

Vor der Auswahl des passenden ETFs sollte zunächst der entsprechende Index ausgewählt werden. Der Index legt genau fest, welche Arten von Wertpapieren enthalten sein können und welche Regeln bei der Auswahl und Bewertung von Wertpapieren beachtet werden müssen. Anleger haben die Möglichkeit, sich die Methodologie der Indexanbieter genau anzuschauen. Diese Regelwerke können sich über mehrere Hundert Seiten erstrecken. Bei der Indexkonstruktion sollten Diversifikation und Liquidität berücksichtigt werden. Wie ein ETF dann letzten Endes den Index abbildet, haben wir im ersten Kapitel *Was sind ETFs?* dargestellt.

Wer baut Indizes zusammen?

Indizes werden von Indexanbietern zusammengestellt. Sie sind für das Regelwerk und die Funktionsweise von Indizes verantwortlich. Das Geschäft ist stark von Skalen- und Netzwerkeffekten geprägt. Die drei größten Indexanbieter sind MSCI, S&P Dow Jones Indices und FTSE Russell. Indexanbieter verdienen hauptsächlich Lizenzgebühren, die sie vordergründig von Fondsgesellschaften erheben, um Indexdaten zu nutzen und zu verbreiten. Die drei großen Indexanbieter sind besonders beliebt, weil sie die Ersten waren, die Indizes berechnet haben. Sie verfügen über langjährige

Erfahrung und Vertrauen von Millionen von Anlegern weltweit. Bei vielen Anlegerinnen und Anlegern hat sich der Index häufiger verfestigt als der ETF-Anbieter. In Deutschland bilden die beliebtesten ETFs den MSCI World Index ab. Die Konzentration auf wenige Anbieter stellt sicherlich eine Herausforderung für die Wettbewerbsfähigkeit, das Preisgefüge sowie die Eintrittsbarrieren für neue Anbieter dar. Andere Indexanbieter sind CRSP, Nasdaq oder die STOXX-Gruppe, die zur Deutschen Börse gehört.

Wie unterscheiden sich Indizes?

Jeder Index funktioniert anders. Wir möchten uns daher verschiedene Funktions- und Unterscheidungsmerkmale anschauen:

- Indexzusammenstellung nach regionalen und ökonomischen Kriterien
- Gewichtungsmethode
- Berechnungsmethode
- Indexrebalancing

Indexzusammenstellung nach regionalen und ökonomischen Kriterien

Die Indexzusammenstellung ist Ausgangslage für die Indexkonstruktion. Welche Arten von Wertpapieren werden abgebildet? Im Aktienbereich wird häufig zuerst nach der geografischen Ausrichtung differenziert. Es gibt globale und regionale Aktien-ETFs. So bilden globale Indizes alle entwickelten Volkswirtschaften und Schwellenländer ab. Regionale Indizes bilden nur Regionen (Europa) oder Wirtschaftsräume (Eurozone) ab. Wir vergleichen zwei bekannte globale Indizes, um zu sehen, wie unterschiedlich vermeintlich ähnliche Ausrichtungen in der Praxis abgebildet werden können.

Index/Kriterium	FTSE All-World Index	MSCI All Countries World Index
Universum	Ca. 90 % der globalen Marktkapitalisierung aller entwickelten Volkswirtschaften und Schwellenländer	Ca. 85 % der globalen Marktkapitalisierung aller entwickelten Volkswirtschaften und Schwellenländer
Rebalancing	Quartalsweise (März, Juni, September, Dezember)	Quartalsweise (Februar, Mai, August, November)

Anzahl Titel	4.291 Aktien aus 49 Ländern	2.760 Aktien aus 47 Ländern
Indexanbieter	FTSE Russell	MSCI

Tab. 4: Vergleich FTSE vs. MSCI Aktienindizes; Stand: Juni 2024; Quelle: FTSE und MSCI

Ferner gibt es Unterschiede in der Länderklassifizierung der Indexanbieter. Beispielsweise werden bei **FTSE** Südkorea und Polen als entwickelte Länder klassifiziert, während **MSCI** beide Länder als Schwellenland klassifiziert.

Sehr beliebt sind auch Themen- oder Faktorindizes. Faktorindizes sind regelbasiert, indem das Anlageuniversum anhand quantitativer Kennzahlen festgelegt wird. Faktorprämien sind statistisch identifizierbare Treiber von Rendite und Risiko innerhalb einer Gruppe. Sie erklären einen bedeutenden Teil des Risikos und der Rendite innerhalb der Assetklasse. Der sogenannte „Value"-Faktor ist ein sehr beliebtes Kriterium. Anhand von Bewertungskennzahlen werden „unterbewertete" Unternehmen ausgewählt.

Dividendenindizes sind ebenfalls sehr beliebt. Bei diesem Faktor werden dividendenstarke Aktien in den Index ausgewählt. Rein wissenschaftlich betrachtet schwankt die Wertentwicklung von Faktoren über verschiedene Zeiträume. Die meisten Anleger und Anlegerinnen setzen auf Faktorindizes, um langfristig einen Mehrertrag gegenüber dem Gesamtmarkt zu erzielen. Ob dies gelingt, lässt sich natürlich niemals mit absoluter Gewissheit vorhersagen. Die Daten und die Wertentwicklung der Vergangenheit sind kein Indikator für zukünftige Wertentwicklung.

Gewichtungsmethode

Nachdem das Ausgangsuniversum feststeht, gilt es nun, die Wertpapiere innerhalb des Index zu gewichten. Die am weitesten verbreitete Methode ist die Gewichtung nach der Marktkapitalisierung, gefolgt von der Gewichtung nach dem Preis.

Bei der Gewichtung nach der Marktkapitalisierung berechnet sich das Gewicht einer Aktie im Index nach der ausgegebenen Anzahl an Aktien multipliziert mit dem aktuellen Preis geteilt durch die Summe der Marktkapitalisierung aller Aktien im Index. Bekannte Beispiele von Marktkapitalisierten Indizes sind der DAX, S&P 500 oder FTSE All-World Index.

Auch bei Anleihen werden Indizes nach dem Gegenwert der ausstehenden Anleihen gewichtet. Das Gewicht einer Anleihe im jeweiligen Index hängt nicht von der Marktkapitalisierung des dahinterliegenden Unternehmens ab, sondern von der Schuldenquote und der Kreditwürdigkeit des Schuldners. Die Höhe der Schulden ist nicht zwangsläufig ein Indikator für die Kreditwürdigkeit. Vielmehr spielt das Rating und das Verhältnis der Schulden zur Wirtschaftsleistung eines Landes (Bruttoinlandsprodukt) oder zur Bilanzsumme eines Unternehmens eine Rolle. Als Land mit der weltweit höchsten nominalen Verschuldung genießen die USA etwa eines der besten Ratings. Sollte sich das Rating verschlechtern, wird der Wert der Anleihen innerhalb des Index sinken. Anleger können ihr Risiko mit sehr breit diversifizierten Anleiheindizes effektiv streuen. So hat der sehr beliebte Bloomberg Global Aggregate Bond Index über 30.000 Anleihen in seinem Anlageuniversum (Stand: Juni 2024).

Zurück zu Aktien: Die einfachere Form der Indexabbildung sind preisgewichtete Indizes. Es wird angenommen, dass jedes Unternehmen die gleiche Anzahl an Aktien ausgegeben hat, sodass allein der Preis einer Aktie das Indexgewicht bestimmt. Eine solche Gewichtung kann zu starken Verzerrungen führen, da sie unabhängig von der Marktkapitalisierung des Unternehmens erfolgt. Der übliche Kursabschlag, der durch eine Dividendenausschüttung verursacht wird, wirkt sich direkt negativ auf die Indexperformance aus, obwohl ökonomisch nur eine Umschichtung von Kursabschlag zur Dividendenzahlung erfolgt ist. Der amerikanische Dow Jones oder japanische Nikkei 225 Index sind bekannte preisgewichtete Indizes.

Es gibt zudem alternative Gewichtungsansätze, die sich bei vielen Anlegern und Anlegerinnen großer Beliebtheit erfreuen. Indexanbieter bieten beispielsweise gleichgewichtige Indizes an, sodass das Gewicht jeder Aktie gleich ist. Somit wird der Anteil von kleinen Unternehmen künstlich nach oben getrieben. Aufgrund des hohen Handelsbedarfs entstehen bei diesen Indizes hohe Transaktionskosten, was zu einer Indexnachbildung mit hohem Aufwand führt. Auch Faktor- oder Smart-Beta-Indizes sind von großer Bedeutung. Wenn wir dem oben genannten Beispiel folgen und für den **Value**-Faktor einen Index berechnen, werden alle Aktien anhand der Bewertungsmatrix für unterbewertete Unternehmen (z. B. das Kurs-Buch-Verhältnis) gewichtet.

Einige deutsche Anlegerinnen und Anleger orientieren sich bei der Gewichtung von Regionen am **Bruttoinlandsprodukt (BIP)** eines Landes. So spielt es weniger eine Rolle, wie wertvoll ein Unternehmen gemessen an der Marktkapitalisierung ist, sondern wie wichtig das jeweilige Land gemessen am BIP ist. Investoren, die über das BIP ihr Portfolio aufbauen, haben derzeit weniger Gewicht in amerikanischen Aktien und eine höhere Allokation in Europäische- und Schwellenländeraktien. Allerdings führte dies in den letzten Jahren auch zu einer erheblich geringeren Rendite und höheren Volatilität im Portfolio. In der Wissenschaft gibt es wenige Beweise für einen nachhaltigen Mehrwert dieser Gewichtungsweise. Es werden also vielmehr die Präferenzen der Anlegerinnen und Anleger berücksichtigt, indem sie versuchen, der hohen aktuellen Konzentration in Ländern wie den USA über diese Gewichtungsweise entgegenzuwirken. Im globalen Kontext beschäftigt sich die Praxis und Literatur daher deutlich mehr mit klassischen Faktorportfolios als Ergänzung zum Marktportfolio (siehe Kapitel *Wie baue ich mit ETFs ein Portfolio auf?*).

Anleger oder Anlegerinnen sollten sich stets bewusst sein, dass durch eine regelbasierte Abweichung zur Benchmark ein erheblicher **Tracking-Error** entstehen kann. Laut einer Publikation der Fondsgesellschaft Vanguard aus dem Jahr 2015 lassen sich einige Smart-Beta-Indizes auf bereits bekannte Risikoprämien herunterbrechen. Diese Faktoren unterliegen Schwankungen und sind daher nicht verlässlich. Smart-Beta Strategien sind gleichzusetzen mit aktivem Management und genauso von Anlegern und Anlegerinnen im Portfoliokontext zu betrachten (siehe Kapitel *Wie baue ich mit ETFs ein Portfolio auf?*).

Berechnungsmethode

Bei der Indexberechnung spielen verschiedene Faktoren eine Rolle. Alle Indizes werden in der Regel in unterschiedlichen Varianten berechnet. Ein wesentliches Unterscheidungsmerkmal ist, ob es sich um einen Kurs- bzw. Preis-Index ohne Dividendenanrechnung handelt, oder aber um einen Performanceindex, bei dem sämtliche Dividenden und Ausschüttungen reinvestiert werden (siehe Abbildung 1). Der Einfluss von **Dividenden** ist enorm und beträgt in unserem Beispiel auf den Dax-Index über fünf Jahre fast 20 Prozentpunkte. Innerhalb der Performanceindizes wird darüber hinaus zwischen Total Return (TR) oder Net Total Return (NTR) Indizes unterschieden. Beim Ersteren werden alle Erträge und Ausschüttungen ohne jeglichen Steuerabzug berücksichtigt, während beim NTR-Index die Erträge nach Abzug der jeweiligen Quellensteuerabzüge einfließen. Hierbei verwenden Indexanbieter in der Regel die maximalen Quellensteuersätze. Je nach **Fondsdomizil** kann der ETF sich einen Teil der Quellensteuern von den Steuerbehörden wiederholen. Wir werden später in diesem Kapitel auf die unterschiedlichen Fondsdomizile eingehen.

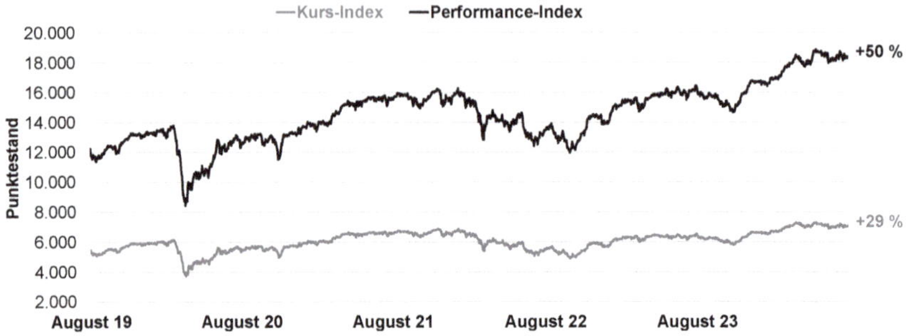

Abb. 6: DAX-Performance über den 5-Jahreszeitraum bis August 2024 (Quelle: finanzen.net; yahoo!finance; Daten per 31.07.2024)

Insbesondere bei globalen Anleihenindizes ist die Währungsabsicherung für viele Investoren ein wichtiges Kriterium. Hierbei werden je nach Basiswährung alle Fremdwährungen in der lokalen Währung abgesichert, um die Schwankungsbreite und Währungsrisiken abzuschwächen.

Indexrebalancing

Indizes unterliegen strengen Regeln, die in der **Indexmethodologie** dokumentiert sind. Zu diesen Faktoren gehört auch die Neugewichtung innerhalb der Indizes. Die meisten Aktienindizes basieren auf einem quartalsweisen Turnus, während Anleihenindizes auf einem monatlichen Rebalancing basieren. Bei Anleihen ist ein häufigeres Rebalancing erforderlich, da es häufig zu Neuemissionen, Kuponzahlungen oder Endfälligkeiten kommt. Viele Anleiheindizes basieren auf festen Laufzeiten. Deshalb ist es wichtig, die Gewichtung und Anzahl der Wertpapiere genau zu bestimmen. Der Index befindet sich nach dem Rebalancing wieder in Übereinstimmung mit der Methodologie. Wertpapiere können ergänzt, neu gewichtet oder aus dem Index entfernt werden. Für ETF-Anbieter ist dieser Tag von großer Bedeutung, da eine Vielzahl an Anpassungen erforderlich ist. Zusätzlich gibt es außerordentliche Indexanpassungen. Diese werden ad-hoc veröffentlicht, beispielsweise aufgrund von Insolvenzen, Fusionen oder Übernahmen von im Index befindlichen Unternehmen. Am Beispiel des FTSE All-World Index werden bei einer planmäßigen Anpassung genau die Aktien ausgewählt, die in Summe und je nach Gewichtung 90 % der Marktkapitalisierung im Large- und Mid-Cap Segment ausmachen. Üblicherweise werden einige Prozentpunkte des Index angepasst.

Anleihenindizes funktionieren ähnlich. Allerdings wird bei Anleihenindizes immer darauf geachtet, dass Anleihen nicht fällig werden. Anleihen mit einer Restlaufzeit von maximal einem Jahr werden üblicherweise aus dem Index „herausgedreht". Die Gründe liegen in der Praxis: Einerseits möchten Indexanbieter das Universum fortlaufend und möglichst genau abbilden, andererseits kommt es bei Endfälligkeit einer Anleihe zu keiner Transaktion, die gegebenenfalls steuerliche Implikationen mit sich bringt.

Anleger und Anlegerinnen sollten sich vorab mit der Indexmethodologie auseinandersetzen, bevor sie ein Investment über den entsprechenden ETF tätigen.

Linktipp | Eine gute Zusammenfassung über bekannte Indizes gibt es auf folgender Seite: https://extraetf.com/de/wissen/was-ist-ein-index

Gibt es ETFs, die keinen Index verfolgen?

Seit einigen Jahren existieren **aktive ETFs**, die keinen bekannten Branchenindex verfolgen. Für viele Anlegerinnen und Anleger mag dies widersprüchlich sein, da der ETF in Deutschland als Synonym für passives Investieren verwendet wird. Allerdings ist ein ETF gründsätzlich ein börsengehandelter Fonds, der unabhängig von der Investmentstrategie handelbar ist.

Bei den meisten aktiven ETFs handelt es sich um regelbasierte Strategien oder **Multi-Asset-ETFs**. Aktive ETFs können einen „aktiven Index" verfolgen oder benchmarkunabhängig agieren. Die USA sind derzeit der Haupttreiber aktiver ETFs. Erst 2019 genehmigte die SEC dieses Vehikel. Die Transparenzpflichten sind der Hauptgrund für die späte Erlaubnis, zumindest wenn man die Geschichte von ETFs betrachtet. Index-ETFs veröffentlichen jeden Tag die im ETF befindlichen Wertpapiere. Aktive Manager haben weniger Interesse an täglicher Transparenz, da aktive ETFs den Markt schlagen sollen und daher die volle tägliche Offenlegung keinen Schutz vor Imitation bietet. Die Gesetzesänderung in den USA ermöglicht aktiven Anbietern, die Portfoliobestandteile zeitlich versetzt zu veröffentlichen. In Europa existieren seit Längerem aktive ETFs. Der Marktanteil ist noch deutlich geringer als der von aktiven ETFs in den USA. Aktuell kommen in

Europa viele klassische Anbieter aktiver Fonds mit entsprechenden aktiven ETFs auf den Markt.

Die Kosten für aktive ETFs sind in der Regel deutlich höher als die der klassischen Index-ETFs. Anleger sollten daher vor jeder Kaufentscheidung eine ganzheitliche Kostenanalyse durchführen. Die geringe Transparenz erschwert es Market-Makern, faire Preise an den Handelsplätzen zu stellen. Es entstehen deutlich höhere Geld-Brief-Spannen als bei sehr liquiden Index-ETFs. Aufgrund des aktiven Managements sind die Transaktionskosten innerhalb des ETFs höher.

Die aktuellen Nettomittelzuflüsse zeigen, dass das Vehikel ETF aktiven Managern einen neuen Marktzugang verschafft hat. Anlegerinnen und Anleger haben noch mehr Möglichkeiten bei der Auswahl der richtigen Anlagestrategie. Obwohl aktive ETFs ähnlich wie passive ETFs sind, unterscheiden sich die Risikoeigenschaften sehr stark voneinander. Aktive ETFs ermöglichen Anlegerinnen und Anleger, Zusatzerträge zur Marktbenchmark zu erzielen, wie bei aktiv gemanagten Fonds. Die tatsächlichen Ergebnisse können in der Praxis stark variieren und unterscheiden sich daher von Index-ETFs.

Welche technischen Unterscheidungsmerkmale gibt es zwischen ETFs?

Viele ETFs scheinen nahezu identisch zu sein. Wie kommt es, dass es in Europa über 3.000 ETFs von fast 100 Anbietern gibt? In der Praxis gibt es zahlreiche Unterscheidungskriterien. Wir betrachten nachfolgend einige der wichtigsten Kriterien:

- Der Index
- Replikationsmethode
- Ertragsverwendung
- Kosten
- Wertpapierleihe
- Das Fondsdomizil
- Der Anbieter
- Rendite und Risiko
- Tracking-Differenz
- Tracking-Error
- Fondsvolumen

- Liquidität und Preis

Der Index
Der Index sollte im Zentrum der ETF-Auswahl stehen. Dazu gehören sowohl die Indexzusammenstellung als auch die Gewichtungsmethode. Fast identische Indizes, die im Namen des ETFs vermeintlich eine gleiche Region abdecken wie Schwellenländeraktien oder -anleihen, können sich in der Indexzusammenstellung stark unterscheiden. Auch bei exakt den gleichen Indizes kann in der Praxis aufgrund von nachstehenden Kriterien die Abbildungsqualität deutlich voneinander abweichen.

Replikationsmethode
Zunächst muss zwischen **physisch** und **synthetisch** unterschieden werden. Aber auch innerhalb der physischen Replikationsmethode gibt es Vollreplizierer oder Sampling- bzw. Optimierungsansätze (siehe Kapitel *Was sind ETFs?*). Die Art und Weise der Replikationsmethode wird später auch im Tracking-Error und der Tracking-Differenz des ETFs zur Benchmark deutlich. Beide Kennziffern stellen wir später im Kapitel ausführlich vor.

Ertragsverwendung
Die Ertragsverwendung ist in der Regel ein lokales und auf Anlegerebene wichtiges Kriterium. ETF-Anbieter bieten sowohl ausschüttende als auch thesaurierende Varianten an. Seit der Investmentsteuerreform von 2018 sind beide Varianten in Deutschland steuerlich gleichgestellt. Dies bedeutet, dass über die Haltedauer hinweg die gleichen Steuern erhoben werden. Bei einem ausschüttenden ETF werden in regelmäßigen Abständen Dividendenzahlungen und Kuponzahlungen bei Anleihen ausgeschüttet. Der Anleger oder die Anlegerin zahlt dann abzüglich möglicher Freibeträge und Teilfreistellungen Abgeltungssteuer. Bei thesaurierenden ETFs werden die Erträge automatisch vom Fondsanbieter wieder angelegt. Anleger und Anlegerinnen können dadurch langfristig noch schneller vom Zinseszinseffekt profitieren. Bei thesaurierenden Fonds wird derzeit eine Vorabpauschale als Entschädigung für nicht regelmäßig stattfindende Ausschüttungen erhoben.

Welche ETF-Variante für Anleger und Anlegerinnen am besten geeignet ist, hängt von der individuellen steuerlichen Situation sowie dem Ziel der Vermögensanlage ab. Es ist ratsam, Unterstützung von einer Steuer- oder Finanzberatung in Anspruch zu nehmen. In Kapitel *Wie baue ich mit ETFs ein Portfolio auf?* werden Fragen zu einigen Unterschieden beantwortet.

Literaturtipp | Wer sich über die steuerlichen Aspekte bei der ETF-Anlage informieren möchte, kann sich folgendes Video anschauen: https://www.youtube.com/watch?v=EaN49GVFOEE

Kosten

Im Eingangskapitel *Was sind ETFs?* haben wir bereits die Halte- und Handelskosten von ETFs gegenübergestellt. Beide Faktoren müssen in die Kostenanalyse einbezogen werden. Für die meisten Anlegerinnen und Anleger ist die Gesamtkostenquote das erste Kriterium, um verschiedene ETFs miteinander zu vergleichen. In dieser sind einige Kosten, die Anleger tragen müssen, als Prozentsatz ausgedrückt und bezieht sich auf einen einjährigen Zeitraum. Eine weitere häufig genannte Kennzahl ist die laufende Kostenquote, wobei diese nicht alle Kosten beinhaltet. Die laufenden Kosten sind in folgende Kategorien unterteilt:

- Gesamtkostenquote, auch Total Expense Ratio (TER) oder Ongoing Charges Figure (OCF) genannt. Hier sind Ausgaben für Verwaltung, Prüfung, Depot, Registrierung sowie Rechts- und Regulierungskosten oder Kosten des Fondsmanagements zusammengefasst.
- Wertpapierleihegebühren
- Überziehungsgebühren der Depotbank (falls zutreffend)

Zusätzlich zu den laufenden Kosten und den Ausgaben, die im MiFID 2-Kostenausweis aufgeführt sind, können zusätzliche Ausgaben wie interne Transaktionskosten, Ausgabeaufschläge oder erfolgsabhängige Gebühren (Performance Fee) anfallen. Die letzte Spalte im Kostenausweis beinhaltet eine ganzheitliche Betrachtung. Die TER oder OCF sind also zu kurz gefasst. Um einen besseren Überblick zu erhalten, ist ein Vergleich empfehlenswert.

Bei der Betrachtung verschiedener ETFs und deren Kosten ist auch die Abbildungsqualität zu berücksichtigen, siehe Tracking-Differenz und Tracking-Error. Durch Swapgeschäfte oder Wertpapierleiherträge können Haltekosten gesenkt werden. Wir werden später in diesem Kapitel auch auf die Handelskosten und Liquidität eingehen.

Wertpapierleihe

Im Portfoliomanagement spielt die Wertpapierleihe eine entscheidende Rolle, um zusätzliche Erträge für den Fonds zu erzielen. Weshalb gibt es überhaupt Wertpapierleiheprogramme? Sie entstehen, indem Wertpapiere am Markt kurz- oder mittelfristig nachgefragt werden, aber nicht erworben werden können oder sollen. Als Kontrahenten wetten Anleger auf den entgegengesetzten Verlauf eines Wertpapiers. Sie werden auch als Leerverkäufe bezeichnet. Fondsgesellschaften stellen mit ihren Wertpapierleiheprogrammen Liquidität in diesem Markt zur Verfügung. Im Gegenzug erhalten Anleger eine Entschädigung, die dem Fonds zugutekommt.

Ein Kontrahentenrisiko besteht für ETFs darin, dass der Ausleiher die Wertpapiere nicht zurückerstatten kann. Diese Gefahr kann durch Sicherheiten begrenzt werden. Die Sicherheiten werden zusätzlich versichert und es ist üblich, mehr Sicherheiten zu hinterlegen als notwendig. Je mehr verliehen wird, desto größer ist die Wahrscheinlichkeit, dass Risiken entstehen. Anleger oder Anlegerinnen können sich die folgenden Fragen stellen:

- Werden innerhalb des ETFs Wertpapiere verliehen?
- Wie viel wird verliehen?
- Welche Sicherheiten werden hinterlegt?
- Wie hoch ist das Sicherungsvermögen?
- Welche Kosten erhebt die Fondsgesellschaft für das Wertpapierleiheprogramm und wie viel Prozent der Erträge kommen im ETF an?
- Wie hoch fallen die Zusatzerträge aus?
- Wie transparent veröffentlicht eine Fondsgesellschaft die Wertpapierleihephilosophie?

Das Fondsdomizil

Als Fondsdomizil bezeichnet man das Land, in dem ein Fonds rechtlich aufgelegt ist. Die beiden beliebtesten Fondsdomizile in Europa sind Luxemburg und Irland. Die Vorteile liegen klar auf der Hand: abgestimmte Behörden, ausgebildete Fachkräfte und steuerliche Vorteile innerhalb der Fondsstruktur. Es gibt auch viele in Deutschland domizilierte Publikumsfonds. Bei ETFs haben sich jedoch Luxemburg und Irland durchgesetzt. In den vergangenen Jahren hat Irland sogar Luxemburg den Rang abgelaufen, denn in Irland aufgelegte ETFs profitieren von einem besonderen steuerlichen Vorteil: Bei physischen ETFs fällt lediglich 15 % anstatt der üblichen 30 % Quellensteuer auf Dividenden von Unternehmen aus den USA an. Seit einer Rechtsprechung aus 2020 entfällt die Quellensteuer bei synthetischen ETFs sogar vollständig (Quelle: Section 871(m) des US Internal Revenue Code). Daher weisen irische ETFs eine höhere Wertsteigerung auf als ETFs mit anderen Domizilen. Dieser Vorteil ist innerhalb der Tracking-Differenz ersichtlich.

Es ist daher sinnvoll, bei globalen ETFs, die amerikanische Unternehmen enthalten, auf einen irischen ETF zu setzen.

Der Anbieter
In Europa existiert eine Vielzahl an ETF-Anbietern. Die größten Marktanteile entfallen auf einige wenige Anbieter: iShares, Vanguard, State Street und Amundi gehören zu den größten Anbietern auf dem europäischen Kontinent. Jeder Anbieter verfügt über seine eigene Philosophie. Es ist ratsam, auf erfahrene Anbieter zu setzen, die sowohl die erforderliche Größe als auch die Skalierung besitzen, um langfristig nicht von Fondsschließungen oder Fondsverschmelzungen betroffen zu sein.

Unter anderem fokussiert sich z. B. Vanguard, die bereits 1976 den ersten Indexfonds für Privatanleger auf den Markt gebracht haben, im Vergleich zu anderen Anbietern auf Kernbausteine. Dies hat den Vorteil, dass bestehende ETFs häufig ein hohes Fondsvolumen und gute Liquidität aufweisen. Die genossenschaftliche Eigentümerstruktur ermöglicht es Vanguard, langfristig zu wirtschaften und keine Interessenkonflikte mit den Eigentümern zu verursachen: Denn die Kunden sind in den USA gleichzeitig Eigentümer, indem sie in die Fonds investieren. Vanguard ist daher ein Anbieter, der über alle Produkte hinweg eine unterdurchschnittliche Gesamtkostenquote aufweist (Stand: Dezember 2024). Andere Anbieter fokussieren sich wiederum auf Nischen innerhalb der ETF-Palette.

Rendite und Risiko
Die meisten Investoren schauen sich beim ETF-Vergleich vorrangig die Wertentwicklung an. Die Rendite eines ETFs kann zügig anhand vieler Vergleichsportale oder Softwarelösungen berechnet werden. Ausschüttungen in Form von Dividenden und Kuponzahlungen sind stets in die Wertentwicklung einzubeziehen. Das gilt insbesondere beim Vergleich von ausschüttenden mit thesaurierenden ETFs (siehe Ertragsverwendung). Die BVI-Methode des deutschen Fondsverbandes rechnet so etwa Ausschüttungen direkt um in neue Fondsanteile. Dies ermöglicht einen Vergleich zwischen ausschüttenden und thesaurierenden Fonds.

Ein Vergleich über unterschiedliche Zeiträume ist für Anlegerinnen und Anleger von großer Bedeutung. Folgende Zeiträume können als Basis für einen ganzheitlichen Vergleich herangezogen werden:

- Rendite seit Auflage: Kumuliert und annualisiert (p. a.)
- Rendite Rollierend (Jährlich)
- Rendite Unterjährig (Seit Jahresanfang, 1 Monat, 3 Monate, 6 Monate)

Ein langfristiger Vergleich liefert Aufschluss über die Qualität des Portfoliomanagements und den Einfluss von Marktbewegungen. Schwankt die Wertentwicklung oder gibt es sogar ungewöhnliche Ausschläge, kann dies ein Hinweis auf folgende Ereignisse sein: schwankende Wertpapierleiherträge, unterschiedliche Swapgebühren oder -erträge, Fehler im Portfoliomanagement wie mangelhafte Umsetzung von Kapitalmaßnahmen oder Indexumstellungen.

Wenn man über die Risiken eines ETFs nachdenkt, fällt einem sofort die Volatilität ein. Die Schwankungen eines ETFs sind primär auf den gewählten Index und die darin befindlichen Wertpapiere zurückzuführen. Auch die Standardabweichung von ETFs auf den gleichen Index kann variieren. Dies ist auf die oben genannten Kriterien sowie die Erfahrung des Portfoliomanagements zurückzuführen (siehe auch Tracking Error).

Um die Rendite und das Risiko gleichermaßen zu berücksichtigen, können Investoren auf das **Sharpe Ratio** zurückgreifen. Das Sharpe Ratio gibt die Rendite des Fonds für das eingegangene Risiko wieder. Es gibt Fälle, in denen ein ETF im Vergleich eine geringere Wertentwicklung aufweist, dafür aber auch weniger Risiko in Kauf genommen hat. Das Sharpe Ratio (SR) wäre in diesem Beispiel höher. Das SR kann wie folgt berechnet werden:

$$Sharpe\ Ratio = \frac{(Rendite - risikoloser\ Zins)}{Volatilität\ \ (Standardabweichung)}$$

Dabei gilt: je höher das Sharpe Ratio, umso besser.

Zum Schluss möchten wir den **Maximum Drawdown** als wichtige Kennzahl vorstellen. Der Maximum Drawdown (MD) gibt den maximalen (potenziellen) Verlust über einen bestimmten Zeitraum an. Wenn sich der ETF derzeit in einer erneuten Schwächephase befindet, die jedoch absolut weniger stark ausfallen wird als der Verlust in der maximal schwächsten Phase, zählt der maximal verzeichnete Verlust weiterhin als MD. Zum Beispiel: Beträgt der aktuelle Verlust nur 10 % bei einem bestehenden

MD von 20 %, so ist der MD weiterhin mit 20 % festzusetzen. Neben der Rendite, Standardabweichung und SR gehört der MD zu den wichtigsten quantitativen Kennzahlen für einen ETF-Vergleich. Oft wird diese Kennzahl mit einem negativen Vorzeichen versehen.

Tracking-Differenz
Die Tracking-Differenz (TD) gibt die Wertentwicklung von ETF und Index wieder. Die TD stellt die Out- oder Underperformance eines ETFs gegenüber der Benchmark dar. Die Kennzahl kann über mehrere Zeiträume hinweg berechnet werden. Die TD stellt ein Qualitätsmerkmal eines ETFs dar, da sie alle externen und internen Einflüsse widerspiegelt. Mit sehr geringen Ausnahmen gibt es immer eine Tracking-Differenz – allein aufgrund der Gesamtkostenquote. Anlegerinnen und Anleger können hier die Fähigkeiten des ETF-Anbieters genauer unter die Lupe nehmen. Es gibt zahlreiche positive Einflüsse auf die TD. Die wichtigsten sind im Folgenden aufgeführt:

- Physisch vs. Synthetische Abbildung
- Steuerliche Effizienz (Fondsdomizil)
- Wertpapierleihe
- Erfahrung im Portfoliomanagement

Die Tracking-Differenz wird folgendermaßen ausgerechnet:

Tracking-Differenz = Rendite ETF – Rendite Index

Anlegerinnen und Anleger sollten sowohl rollierende als auch zusammenhängende Zeiträume betrachten, um sich ein umfassendes Bild zu machen.

Tracking-Error
Der Tracking-Error (TE) ist eine der wichtigsten Kennzahlen zur Vergleichbarkeit von ETFs. Der TE gibt die durchschnittliche Standardabweichung des ETFs zum Index wieder. Es ist also ein Volatilitätsmaß. Tatsächlich gibt der TE keine Rückschlüsse auf die Wertentwicklung des ETFs. Der Tracking-Error sollte so gering wie möglich sein.

Der TE kann mit folgender Formel beliebig berechnet werden:

Tracking-Error = Standardabweichung (Rendite ETF – Rendite Index)

Anleger können am TE die Fähigkeiten des Anbieters erkennen, den Index konstant und nachhaltig abzubilden. Über die Zeit werden so Ausschläge in der Kennzahl erkannt, was auf Fehler im Portfoliomanagement hindeutet. Der TE sollte daher möglichst gering, aber auch konsistent sein. Der TE zeigt an, wie stark die TD auf täglicher Basis schwankt.

Fondsvolumen

Es ist wichtig, das Fondsvolumen zu berücksichtigen, um ETFs ganzheitlich zu vergleichen. Für viele professionelle Anleger und Anlegerinnen ist ein Fondsvolumen von 100 Millionen Euro die Mindestgröße. Aus wirtschaftlicher Sicht ist dies sinnvoll, da jeder Fonds neben variablen Kosten auch Fixkosten zu tragen hat. Je größer das Fondsvolumen ist, desto niedriger sind die anteiligen Fixkosten für alle Investoren.

Ein weiterer positiver Effekt eines möglichst großen ETFs ist die Anzahl der möglichen Titel. Wir erinnern daran, dass die meisten ETFs nicht alle im Index befindlichen Wertpapiere enthalten, sondern lediglich ein Subset. Folglich kann der Portfoliomanager bei großem Fondsvolumen mehr Wertpapiere physisch erwerben, um den Index abzubilden. Dies trifft sowohl auf Aktien- und Anleihenfonds zu.

Außerdem gibt es eine positive Korrelation zwischen dem Fondsvolumen und der Liquidität an der Börse.

Liquidität und Preis

Anleger und Anlegerinnen sollten sich auch über die Liquidität eines ETFs im Klaren sein. Um die Liquidität eines ETFs zu beurteilen, können folgende Kennzahlen herangezogen werden:

- Geld-Brief-Spanne
- Auf- oder Abschlag zum NAV (Premium / Discount)
- Basket-Spread
- Handelsvolumen
- Nettomittelzuflüsse
- Orderprovisionen

Die **Geld-Brief-Spanne** stellt eine wichtige Indikation für die Liquidität des ETF dar. Insbesondere im Vergleich zu anderen ETFs ergeben sich in der Regel deutliche Unterschiede. Die Geld-Brief-Spanne zeigt mögliche An- und Verkaufskurse für ETFs an und wird in Prozent oder Basispunkte (BP) berechnet. Die durchschnittliche Geld-Brief-Spanne wird über einen längeren Zeitraum verglichen.

In einem nächsten Schritt können professionelle Anleger und Anlegerinnen überprüfen, ob der gezeigte Preis auch ein gutes Spiegelbild der im ETF befindlichen Wertpapiere darstellt. In diesem Kontext können Investoren die **Auf- und Abschläge zum NAV** des ETF als Kriterium heranziehen. Diese Information kann nur von den Fondsgesellschaften direkt abgerufen werden. Bei der Berechnung der Kennzahl wird der Schlusskurs an der Börse mit dem späteren offiziellen NAV verglichen. Dabei gibt es sowohl Auf- und Abschläge. Bei einem Aufschlag zahlt der Anleger oder die Anlegerin einen höheren Preis als die Summe der fairen Werte aller im ETF befindlichen Wertpapiere. Bei einem Abschlag erhält der Investor einen Rabatt. Gründe für einen Auf- oder Abschlag können vielschichtig sein: Verfügbarkeit der im ETF befindlichen Wertpapiere, Nachfrage der Wertpapiere im Primärmarkt oder zwischen den Market-Makern sowie praktische Herausforderungen wie Börsenschlusszeiten einzelner Märkte. Das letzte Kapitel befasst sich mit der Liquidität von ETFs anhand eines Fallbeispiels (siehe Kapitel *Welche neuen Entwicklungen gibt es?*).

Der sogenannte **„Basket-Spread“** ist eine weitere bemerkenswerte Kennzahl bei der Analyse von ETFs. Dieser Indikator gibt Auskunft über die impliziten Kosten, die entstehen, wenn Marktteilnehmer zum ETF greifen, anstatt die darin befindlichen Wertpapiere einzeln zu kaufen. Dies ist in der Regel nur für professionelle Marktteilnehmer zugänglich. Zur Berechnung des „Basket-Spread“ können die vermögensgewichteten durchschnittlichen Geld-Brief-Spannen der im Index befindlichen Wertpapiere herangezogen werden. Es ist wichtig, einen aussagekräftigen Zeitraum auszuwählen, wie die letzten 30 Handelstage.

Die Vielzahl der hier aufgeführten Kriterien ermöglicht es uns, ETFs auf den gleichen Index in vielerlei Hinsicht zu unterscheiden. Investoren sollten daher einige Eigenschaften und Kennzahlen miteinander vergleichen, bevor sie eine Kaufentscheidung treffen. Allein auf den Index und die Gesamtkostenquote zu schauen, ist schlichtweg zu kurzsichtig. Zehn Basispunkte Kostenunterschied macht über 30 Jahre ca. 3 % Performance aus. Über die Jahre können Anlegerinnen und Anleger so viel Geld sparen und kommen damit früher an ihre eigens gesteckten finanziellen Ziele.

Weshalb gibt es aktive und passive Fonds?

Dass es aktive und passive Fonds gibt, erscheint auf den ersten Blick nicht überraschend. Allerdings steckt hinter beiden Produkten eine fundamental unterschiedliche, einander ausschließende Sichtweise darauf, wie Finanzmärkte funktionieren. In diesem Kapitel werden wir uns diese Sichtweisen Schritt für Schritt erarbeiten. Wir fangen an mit der Herkunft von Renditen, denn diese werden zwar über Fonds an Anlegerinnen und Anleger weitergegeben, entstehen allerdings durch die Wirtschaftskraft einzelner Unternehmen oder Staaten. Es ist daher wichtig, zunächst auf diese Fragestellung einzugehen.

Woher kommen Aktien- und Anleiherenditen?

Wertpapierrenditen im Allgemeinen sind kein „Geschenk" eines anonymen Marktmechanismus, sondern die Belohnung für die Übernahme von Risiko. Wertpapiere dokumentieren in der Regel eine Beziehung zwischen Kapitalanbieter und Kapitalnachfrager. Kapitalanbieter stellen Kapital dadurch zur Verfügung, dass Sie Wertpapiere gegen Geld kaufen. Dafür erhalten die Kapitalnachfrager die finanziellen Mittel, um z. B. Investitionsprojekte zu finanzieren. Aus den Zahlungsströmen, die diese Investitionsprojekte erwirtschaften, wird die Rückzahlung des Kapitals und eine Verzinsung für die Bereitstellung des Kapitals bezahlt.

Und so dürfte es keine Überraschung sein, dass die Höhe der Verzinsung davon abhängt, wie risikobehaftet die Rückzahlung des Kapitals und der regelmäßige Verzinsungsstrom sind. Je höher das Risiko, dass die Zahlungen vom Kapitalnachfrager nicht geleistet werden können, umso höher die erwartete Verzinsung und damit die Rendite des Wertpapiers. Damit ist auch angesprochen, dass die Rendite abhängig ist von den Erwartungen bezüglich der zukünftigen Zahlungsströme. Diese Erwartungen unterliegen fortwährenden Anpassungen durch die Marktteilnehmer. Und damit unterliegen auch die Wertpapierkurse einer kontinuierlichen Anpassung, die wir an Wertpapiermärkten als Kursbewegungen wahrnehmen.

Das beschriebene Risiko ist zwar immer abhängig von einzelnen Wertpapieren, aber grundsätzlich gilt, dass Fremdkapitalwertpapiere wie Anleihen ein geringeres Risiko aufweisen als Eigenkapitalwertpapiere, also z. B. Aktien. Folglich ist die Rendite von Aktien eines Unternehmens in der Regel höher als die von Anleihen (siehe auch im Eingangskapitel *Was sind ETFs?*).

Welche Rolle spielt die Portfoliotheorie?

Für Anlegerinnen und Anleger spielt allerdings nicht nur die Rendite und das Risiko einer Einzelanlage eine Rolle, sondern die Kenngrößen für das gesamte Wertpapierportfolio. An der Stelle setzt die moderne Portfoliotheorie an, die, entstanden in den Fünfzigerjahren des letzten Jahrhunderts, immer noch als „Goldstandard" der Analyse von Portfolios gilt. Wir werden zunächst einen Blick werfen auf die ihr zugrundeliegenden Annahmen und die Analyseschritte.

Auf welchen Grundannahmen beruht die Portfoliotheorie?

Die Portfoliotheorie, insbesondere die von **Harry Markowitz** entwickelte moderne Portfoliotheorie, basiert auf mehreren grundlegenden, neoklassischen Annahmen:

- **Rationalität** der Investoren: Investoren verhalten sich rational und treffen Entscheidungen, um ihren Nutzen zu maximieren.
- Investoren sind **risikoavers**: Sie entscheiden sich bei gleicher erwarteter Rendite für das Portfolio mit dem geringsten Risiko.
- Investoren können Informationen unendlich schnell und fehlerfrei verarbeiten.
- Standardabweichung und Varianz sind die relevanten Risikomaße.
- Erwartungswert und Risiko sind die ausschlaggebenden Entscheidungsgrößen: Investoren bewerten Portfolios anhand des erwarteten Ertrags (Erwartungswert) und des Risikos (Standardabweichung der Renditen).
- Zeitstabilität: Der Durchschnitt der Renditen und des Risikos der Vergangenheit sind geeignet die durchschnittlichen zukünftigen Renditen und Risiken abzubilden.

Welche Analyseschritte werden durchlaufen?

Der zentrale Analyseschritt im Rahmen der Portfoliotheorie beruht auf der Diversifikation. Durch die Kombination verschiedener Wertpapiere kann das Risiko eines Portfolios reduziert werden, ohne die erwartete Rendite zu beeinträchtigen. Ursächlich dafür ist die Korrelation der Wertpapiere: Eine niedrige oder negative Korrelation zwischen den Wertpapieren im Portfolio führt zu einer besseren Risikostreuung. Man kann sich das so vorstellen, dass sich die Gewinnausschläge von Speiseeisproduzenten und Regenschirmproduzenten im Laufe eines Sommers ausgleichen, ohne dass der durchschnittliche Gewinn geschmälert würde. Viel Sonnenschein ist gut für das Eisgeschäft. Aber viel Regen ist wiederum gut für das Regenschirmgeschäft.

Somit ist es für Anlegerinnen und Anleger möglich, basierend auf der Kenntnis historischer Renditen, Risikomessgrößen und Korrelationen, auf jedem Wertpapiermarkt Portfolios zu identifizieren, die bei gegebener Rendite, das geringste Risiko aufweisen. Diese Portfolios liegen auf dem sogenannten „effizienten Rand", der alle möglichen Wertpapierportfolios eingrenzt.

Für die Anlegerinnen und Anleger bleibt dann nur noch zu entscheiden, welches Portfolio den eigenen Risikopräferenzen entspricht. Wobei immer gilt, dass eine höhere Rendite nur bei höherem Risiko erwartet werden darf. Für den Abschluss der Betrachtungen fehlt jetzt nur noch die Überlegung, ob man sich auf die Wertpapierpreise „verlassen" kann, oder ob man mit Verzerrungen an den Märkten rechnen muss. Die Moderne Portfoliotheorie beantwortet dies mit einem Verweis auf die Effizienz von Wertpapiermärkten.

Was ist mit Effizienz von Wertpapiermärkten gemeint?

Die Effizienz von Wertpapiermärkten bezieht sich auf die Fähigkeit eines Marktes, alle verfügbaren Informationen in die Preise von Wertpapieren zu integrieren. Dies wird oft durch die →**Effizienzmarkthypothese (EMH)** beschrieben, die in drei Formen unterteilt ist: schwach, halb strukturiert und stark.

- **Schwache Form:** Diese Form besagt, dass alle historischen Kursinformationen bereits in den aktuellen Preisen enthalten sind. Technische Analyse, die auf historischen Kursen basiert, sollte daher keinen Vorteil bieten.
- **Halb stark:** Hier wird angenommen, dass alle öffentlich verfügbaren Informationen, einschließlich Finanzberichte und Nachrichten, in den Preisen enthalten sind. Fundamentalanalyse, die diese Informationen nutzt, sollte daher keinen zusätzlichen Vorteil bieten.
- **Starke Form:** Diese Form geht davon aus, dass alle Informationen, sowohl öffentlich als auch privat, in den Preisen enthalten sind. Selbst Insiderinformationen würden keinen Vorteil bieten.

Die **Effizienz von Wertpapiermärkten** ist ein essenzielles Konzept, weil sie die Grundlage für viele Finanztheorien und Praktiken bildet. Wenn Märkte effizient sind, bedeutet dies, dass es schwierig ist, durch den Kauf und Verkauf von Wertpapieren überdurchschnittliche Renditen zu erzielen, da die Preise immer den wahren Wert der Wertpapiere widerspiegeln.

Es gibt jedoch auch Kritik an der EMH. Einige argumentieren, dass Märkte nicht immer effizient sind und es möglich ist, durch geschickte Analyse und Timing Gewinne zu erzielen. Ereignisse wie Marktblasen und -crashs werden oft als Beweise für Marktineffizienzen angeführt. Wir werden darauf später noch genauer eingehen.

Zusammenfassend lässt sich sagen, dass die Effizienz von Wertpapiermärkten ein zentrales Konzept in der Finanzwirtschaft ist, das die Preisbildung und die Möglichkeit, durch den Handel Gewinne zu erzielen, beeinflusst. Es bleibt jedoch ein umstrittenes Thema, mit unterschiedlichen Ansichten und Interpretationen. Wenn man also die Portfoliotheorie aus Sicht der Anlegerinnen und Anleger auf den Punkt bringen möchte, dann ist die zentrale Erkenntnis, dass es keinen Sinn ergibt, einzelne Wertpapiere auf der Suche nach unerkannten Diamanten zu sammeln. Die beste Strategie ist, ein Portfolio von Wertpapieren zusammenzustellen, das auf dem effizienten Rand liegt und den eigenen Risikopräferenzen entspricht.

Das ist jedoch noch nicht das Ende der „Geschichte". Es geht noch einen Schritt weiter, der von James Tobin, einem Nobelpreisträger der Wirtschaftswissenschaften vorgeschlagen wurde und der dann zum sogenannten „Asset-Allokation Puzzle" führt.

Was ist die Konsequenz der modernen Portfoliotheorie?

Das **Separationstheorem** von James Tobin ist auch bekannt als Tobin-Separation. Es besagt, dass die Zusammensetzung eines Portfolios in zwei Schritte unterteilt werden kann: die Auswahl des optimalen Marktportfolios und die Bestimmung der individuellen Risikopräferenz. Tobin kann zeigen, dass unabhängig von der Risikoeinstellung der Investoren das Marktportfolio, das alle risikobehafteten Wertpapiere umfasst, für alle Investoren optimal und identisch ist. Dies bedeutet, dass alle Investoren das gleiche Portfolio an risikobehafteten Anlagen halten sollten.

Die Risikoeinstellung eines Investors bestimmt, wie viel seines Vermögens er in das risikofreie Anlageinstrument (z. B. Geldmarktwertpapiere oder Staatsanleihen) und wie viel in das Marktportfolio investiert. Ein risikoscheuer Investor wird mehr in risikofreie Anlagen investieren, während ein risikofreudiger Investor einen größeren Anteil seines Vermögens in das Marktportfolio steckt oder sich bei ganz besonders hoher Risikoneigung sogar noch Geld zusätzlich leiht, um in Wertpapiere zu investieren.

Dieses formal stringent hergeleitete Ergebnis hat, auf die Praxis angewendet, weitreichende Konsequenzen. Der Modernen Portfoliotheorie folgend, das Separationstheorem berücksichtigend, müssten alle Investorinnen und Investoren, lediglich das möglichst breit gestreute Marktportfolio aller Wertpapiere halten (z. B. in Form von Index-ETFs) und entsprechend ihrer Risikoneigung über den risikolosen Zinssatz (Anlage oder Darlehen) anpassen. Dieses Ergebnis, theoretisch sauber hergeleitet, ist in der Praxis kaum anzutreffen. Und diese Diskrepanz wird oft als Asset-Allokation Puzzle bezeichnet.

Weshalb gibt es ein Asset-Allokation Puzzle?

Die Bezeichnung → **Asset-Allokation Puzzle** geht zurück auf eine empirische Studie von Canner/Mankiw/Weil aus dem Jahr 1994. In dieser Studie wurde untersucht, inwieweit die theoretischen Ableitungen der **Modernen Portfoliotheorie** in der Praxis umgesetzt werden. Dabei kamen die Autoren zum Schluss, dass diese Erkenntnisse in der Praxis oftmals nicht konsequent umgesetzt werden. Sowohl private als auch institutionelle Investoren weichen in Ihrem Wertpapiervermögensaufbau von der einfachen Schlussfolgerung der Modernen Portfoliotheorie ab. Auch im Prozess der Anlageberatung, die sich oft explizit auf die Portfoliotheorie bezieht, werden ihre zentralen Ergebnisse nicht immer ins Zentrum der Beratung gerückt.

Es folgten viele weitere Studien, die meist zu vergleichbaren Ergebnissen kamen. Und mit den empirischen Arbeiten haben sich auch eine Reihe von Erklärungsansätzen für das Asset-Allokation Puzzle in der Literatur etabliert:

- Investoren haben unterschiedliche Vorstellungen davon, was Risiko bedeutet und wie es gemessen wird. Während die Theorie oft von standardisierten Risikomaßen ausgeht, berücksichtigen Investoren in der Praxis auch subjektive Faktoren wie Verlustaversion.
- Verhaltensökonomische Faktoren: Menschen neigen dazu, irrational zu handeln. Phänomene wie Überreaktion auf Marktbewegungen, Herdenverhalten und emotionale Entscheidungen können dazu führen, dass Investoren von theoretischen Modellen abweichen.
- Beraterempfehlungen: Finanzberater empfehlen oft Portfolios, die von den theoretischen Modellen abweichen. Diese Empfehlungen basieren

auf historischen Daten und der Risikotragfähigkeit der Kunden, was zu einer anderen Asset-Allokation führen kann.

- Marktineffizienz: In der Praxis sind Märkte nicht immer effizient. Informationen werden nicht immer sofort und vollständig in die Preise eingepreist, was ebenfalls zu Abweichungen von der theoretischen optimalen Asset-Allokation führen kann.
- Individuelle Präferenzen und Ziele: Investoren haben unterschiedliche finanzielle Ziele und Zeithorizonte, die ihre Anlageentscheidungen beeinflussen. Diese individuellen Unterschiede werden in den theoretischen Modellen oft nicht ausreichend berücksichtigt.

Diese Faktoren tragen dazu bei, dass die tatsächliche **Asset-Allokation** oft von den theoretischen Empfehlungen abweicht und das Asset-Allokation Puzzle entsteht. Wir haben es also in der Realität mit zwei Sichtweisen zu tun, die auf den ersten Blick unvereinbar sind: Moderne Portfoliotheorie, effiziente Märkte und Separationstheorem legen eine passive Anlagestrategie nahe. Aber in der Realität beobachten wir auch viele aktive Ansätze. Deshalb wollen wir im Folgenden einen systematischeren Blick auf die Frage werfen, weshalb es aktive Anlagestrategien gibt. Weshalb gibt es Anlegerinnen und Anleger, die glauben, dass sie die passive Rendite eines Indexprodukts bei gleichem Risiko übertreffen können?

Weshalb gibt es aktives Portfoliomanagement?

Wir hatten oben schon herausgearbeitet, dass die →**Moderne Portfoliotheorie**, die passives Anlegen nahelegt, auf sehr restriktiven Annahmen beruht, die wir im Rahmen des **Asset-Allokation Puzzles** bereits kurz hinterfragt haben. Wir werden im Folgenden daher etwas intensiver auf die verhaltenswissenschaftlichen Hürden eingehen, die sich Anlegerinnen und Anleger stellen. Im nächsten Kapitel *Wozu kann ich ETFs verwenden?* werden wir dies vertieft beantwortenen.

Welche Probleme entstehen an Finanzmärkten beim Umgang mit Informationen?

Ein zentraler Punkt in der neoklassischen Argumentationskette, die zur Empfehlung einer passiven Anlagestruktur führt, ist die Annahme effizienter Kapitalmärkte. Dafür braucht es in der Mehrzahl Marktteilnehmer, die rational mit Informationen und Risiko umgehen können. In beiden Fällen gibt es große Bedenken, ob dies in der Realität so zu erwarten ist.

Die Menge an verfügbaren Informationen kann überwältigend sein. Anleger müssen in der Lage sein, relevante Informationen von irrelevanten zu unterscheiden. Die Informationsüberflutung kann zu Fehlentscheidungen führen, da wichtige Informationen übersehen oder missinterpretiert werden können. Dieses Problem wird auch in der **neoklassischen** Perspektive effizienter Märkte so gesehen. Allerdings geht die Argumentation in die Richtung, dass Marktteilnehmer, die Informationen besser verarbeiten können, auf Dauer schlechtere Informationsverarbeiter vom Markt verdrängen. Die verhaltenswissenschaftliche Perspektive (siehe auch Kapitel *Wozu kann ich ETFs verwenden?*) legt allerdings nahe, dass es systematische und anhaltende Fehler bei der Informationsverarbeitung gibt, die nicht durch Wettbewerb verschwinden. Die Verlustaversion ist ein solches Phänomen. Anlegerinnen und Anleger zielen auf Anlagegewinne. Aber die Angst vor Verlusten ist oft stärker ausgeprägt als die kurzfristige Freude an Gewinnen.

Verzögerungen bei der Verbreitung von Informationen können ebenfalls problematisch sein. Anleger, die Informationen schneller erhalten, können diese zu ihrem Vorteil nutzen, während andere benachteiligt werden. Dies kann zu Ungleichgewichten und Volatilität an den Märkten führen. Wobei dieser Punkt aus neoklassischer Sicht dazu führen sollte, dass sich Marktteilnehmer darum bemühen, möglichst schnell an Informationen zu gelangen. Insofern kann dieses Argument auch als Beleg für die Effizienz von Kapitalmärkten gedreht werden. In der Tat beobachtet man an Kapitalmärkten Anlagestrategien, die sehr bewusst auf die Schnelligkeit der Informationsverarbeitung setzen.

Auch Informationsasymmetrie kann die Effizienz von Kapitalmärkten einschränken. Informationsasymmetrie tritt auf, wenn eine Partei mehr oder bessere Informationen hat als die andere. Dies kann zu unfairen Vorteilen führen und das Vertrauen in den Markt untergraben. Insider könnten etwa Zugang zu nicht öffentlichen Informationen haben und diese nutzen, um Gewinne zu erzielen, was als Insiderhandel bekannt ist. Die Kapitalmarktaufsicht versucht meist regulatorisch dagegen vorzugehen.

Nicht zu unterschätzen ist die Gefahr von Marktmanipulationen auf Kosten von schlechter informierten Investoren. Marktmanipulation umfasst Aktivitäten, die darauf abzielen, den Preis eines Wertpapiers künstlich zu beeinflussen. Dies kann durch die Verbreitung falscher oder irreführrender Informationen geschehen. Ein bekanntes Beispiel ist das „Pump and Dump"-Schema, bei dem der Preis einer Aktie durch falsche positive Informationen in die Höhe getrieben wird, nur damit die Manipulatoren ihre Anteile zu einem hohen Preis verkaufen können, bevor der Preis wieder fällt.

In eine vergleichbare Kategorie fallen Gerüchte. Fehlinformationen und Gerüchte können sich schnell verbreiten und die Märkte destabilisieren. In der heutigen digitalen Ära können soziale Medien und andere Online-Plattformen als Katalysatoren für die Verbreitung von Fehlinformationen dienen. Dies kann zu Panikverkäufen oder irrationalen Käufen führen.

Vor allem die drei zuletzt genannten Punkte können dazu führen, dass Marktteilnehmer das Vertrauen in die Integrität des Marktprozesses verlieren. Wenn Marktteilnehmer das Gefühl haben, dass Informationen nicht transparent oder zuverlässig sind, kann dies das Vertrauen in den Markt beeinträchtigen. Ein Mangel an Vertrauen kann zu geringeren Investitionen und einer geringeren Marktliquidität führen.

So stellt sich für die Regulierung von Finanzmärkten eine anspruchsvolle Aufgabe. Die Regulierung des Informationsflusses an den Finanzmärkten ist in vieler Hinsicht komplex. Regulierungsbehörden müssen sicherstellen, dass Informationen korrekt und rechtzeitig veröffentlicht werden, um Marktmanipulation und Insiderhandel zu verhindern. Dies erfordert ständige Überwachung und Anpassung der Vorschriften. Der Umgang mit Informationen auf den Finanzmärkten ist entscheidend für deren Effizienz und Integrität. Es ist wichtig, dass Marktteilnehmer und Regulierungsbehörden zusammenarbeiten, um sicherzustellen, dass Informationen transparent, genau und fair verteilt werden, um das Vertrauen in die Märkte zu erhalten und zu stärken.

Alles in allem können wir festhalten, dass es Gründe geben kann, weshalb Markteilnehmer basierend auf ihrer Informationslage glauben, eine bessere Rendite erwirtschaften zu können als die rein passive Marktrendite. Ähnliches lässt sich auch aus dem Umgang mit Risiko ableiten.

Welche Probleme entstehen an den Finanzmärkten beim Umgang mit Risiko?

Zunächst stellt sich ein Problem auf objektiver Ebene. Die genaue Bewertung von Risiken ist schwierig. Finanzmärkte sind von vielen Faktoren beeinflusst, darunter wirtschaftliche Indikatoren, politische Ereignisse und Marktstimmungen. Diese Faktoren können sich schnell ändern, was die Vorhersage von Risiken erschwert. Eine falsche Risikobewertung kann zu erheblichen Verlusten führen. Gefährlich sind vordergründig systemische Risiken, deren Gefahren nur schwer einzuschätzen sind. Systemische Risiken betreffen das gesamte Finanzsystem und können durch das Versagen eines großen Finanzinstituts oder durch weitreichende wirtschaftliche Schocks ausgelöst werden. Diese Risiken sind schwer zu kontrollieren und können zu weitreichenden wirtschaftlichen Krisen führen, wie die Finanzkrise von 2008 gezeigt hat. Ähnlich verhält es sich mit technologischen Risiken. Mit der zunehmenden Digitalisierung der Finanzmärkte entstehen neue Risiken wie Cyberangriffe und technische Ausfälle. Diese technologischen Risiken können erhebliche Auswirkungen auf die Marktstabilität haben und erfordern spezielle Sicherheitsmaßnahmen und Notfallpläne.

Wie bei der Informationsverarbeitung kann auch die Informationsasymmetrie beim Risikomanagement problematisch sein. Wenn einige Marktteilnehmer mehr oder bessere Informationen über Risiken haben als andere, können sie diese zu ihrem Vorteil nutzen, was zu Ungleichgewichten und Marktverzerrungen führt.

Auf einer eher subjektiven Ebene entstehen verhaltenswissenschaftlich erfasste Probleme. Solche Verzerrungen entstehen durch menschliches Verhalten und psychologische Faktoren. Anleger können irrational handeln, von Gier oder Angst getrieben werden und dadurch Risiken falsch einschätzen. Herdenverhalten, bei dem Anleger den Entscheidungen anderer folgen, kann ebenfalls zu Marktverzerrungen und erhöhten Risiken führen (siehe unten). Hinter vieler dieser Verzerrungen steckt ein Grundproblem für das menschliche Gehirn. Evolutionsbiologisch sind wir darauf trainiert, Muster zu erkennen, auch wenn es sich nur um reine Zufallsprozesse handelt. Wenn die Roulette-Kugel zehnmal hintereinander auf Rot gefallen ist, dann muss als Nächstes Schwarz an der Reihe sein.

All diese Faktoren machen Risikomanagementstrategien zu einer großen Herausforderung. Es gibt verschiedene Ansätze des Risikomanagements, aber keine ist perfekt. Diversifikation, Hedging und Derivate sind gängige Methoden, um Risiken zu mindern. Jede dieser Strategien hat jedoch ihre eigenen Nachteile und kann in bestimmten Marktsituationen versagen z. B. in einem breit angelegten Marktrückgang wenig Schutz bieten. Oder die Absicherung mit Derivaten wird bei konstant steigenden Kursen eine „teure" Versicherung.

Letztlich stehen auch staatliche Regulierungsversuche vor einem unlösbaren Dilemma. Das Risiko zukünftiger Entwicklungen lässt sich nirgendwo und damit auch nicht an den Finanzmärkten eliminieren. Im Grunde geht es immer nur um eine Verteilung der Risiken. Daher ist die Regulierung von Risiken auf den Finanzmärkten komplex und erfordert ständige Anpassungen. Regulierungsbehörden müssen sicherstellen, dass Finanzinstitute angemessene Risikomanagementpraktiken anwenden und die Märkte stabil bleiben. Zu strenge Vorschriften können jedoch die Marktliquidität beeinträchtigen und Innovationen hemmen, während zu lockere Vorschriften das Risiko von Marktmissbrauch erhöhen können.

Vor dem Hintergrund dieser Komplexität ist es nicht überraschend, dass es sehr viele Marktteilnehmer gibt, die sich mit aktiven Strategien besser identifizieren können, als sich nur rein passiv dem Zufall auszusetzen. Ganz typisch ist dafür das im Rahmen der Behavioral Finance immer wieder empirisch erfasste Phänomen der „Overconfidence – Selbstüberschätzung". Je nach Studie glauben bis zu 90 % der an Wertpapiermärkten aktiven Anlegerinnen und Anleger, dass sie kompetenter seien als der Durchschnitt; ein wenig so wie in vielen Studien weit mehr als 50 % der Autofahrenden fest davon überzeugt sind, zur besseren Hälfte zu gehören.

Wie entstehen Spekulationsblasen?

Die oben genannten Probleme im Umgang mit Informationen und Risiko können dazu führen, dass die Preise an Wertpapiermärkten ihre effiziente Informationsfunktion verlieren. Das bekannteste Beispiel dafür sind Spekulationsblasen. Sie entstehen an den Finanzmärkten, wenn die Preise von Vermögenswerten weit über ihren fundamentalen Wert hinaus ansteigen, getrieben durch spekulative Erwartungen und Verhaltensweisen. Diese zunächst plausibel klingende Erklärung ist in der Welt der Finanzmärkte heftig umstritten. Aus Sicht der neoklassischen Modernen Portfoliotheorie in einer Welt effizienter Märkte ist ein solches Auseinanderklaffen von Preis und Wert überhaupt nicht möglich. Ganz kurzfristig können Preis und Wert eines Wertpapiers zwar auseinanderlaufen. Rationale Marktteilnehmer würden dies allerdings mithilfe fehlerfreier Informationsverarbeitung umgehend erkennen und durch Kauf oder Verkauf Preis und Wert wieder in Übereinstimmung bringen. So z. B. die Sichtweise von Eugene Fama, Nobelpreisträger der Wirtschaftswissenschaften im Jahr 2013. Im selben

Jahr ging der Nobelpreis aber auch an Robert Shiller, der genau vom Gegenteil ausgeht. Aus seiner Sicht und basierend auf seinen empirischen Untersuchungen kommt es immer wieder zu teilweise auch langanhaltenden Spekulationsblasen. Er schlägt den Bogen von der Tulpenmanie im 17. Jahrhundert, über die Dot.com Blase Anfang 1999 bis zur Preisentwicklung von Bitcoins.

Wenn man der Argumentation von **Shiller** folgt, ist zunächst zu klären, wodurch solche Spekulationsblasen zustande kommen und weshalb sie zu aktiven Wertpapierhandelsstrategien verleiten können. Dabei werden als Hauptfaktoren vielfach genannt:

- **Übertriebene Erwartungen und Gier:** Investoren kaufen Vermögenswerte in der Hoffnung, dass die Preise weiter steigen werden. Diese Erwartung wird oft durch frühe Gewinne verstärkt, was zu einer verstärkten Nachfrage und weiter steigenden Preisen führt. Die Gier nach schnellen Gewinnen kann rationale Bewertungen verdrängen.
- **Herdentrieb:** Menschen neigen dazu, dem Verhalten der Masse zu folgen. Wenn viele Investoren in einen bestimmten Vermögenswert investieren, fühlen sich andere ermutigt, ebenfalls zu investieren, aus Angst, eine Gelegenheit zu verpassen. Dieser Herdentrieb kann die Preise weiter in die Höhe treiben.
- **Greater Fool Theorie:** Die Greater Fool Theorie besagt, dass Investoren bereit sind, überhöhte Preise zu zahlen, in der Hoffnung, dass sie den Vermögenswert an einen „größeren Narren“ zu einem noch höheren Preis verkaufen können. Dies führt zu einer Spirale steigender Preise, bis die Blase platzt.
- **Leichte Verfügbarkeit von Krediten:** Wenn Kredite leicht verfügbar und die Zinssätze niedrig sind, können Investoren mehr Geld leihen, um in spekulative Vermögenswerte zu investieren. Dies erhöht die Nachfrage und treibt die Preise weiter in die Höhe. Ein Beispiel hierfür ist die Immobilienblase in den USA vor der Finanzkrise 2008.
- **Medien und soziale Netzwerke:** Medien und soziale Netzwerke können die Wahrnehmung von Investoren beeinflussen und die Begeisterung für bestimmte Vermögenswerte verstärken. Positive Berichterstattung und virale Trends können die Nachfrage ankurbeln und die Preise in die Höhe treiben.
- **Fehlende Regulierung und Aufsicht:** In einigen Fällen können mangelnde Regulierung und Aufsicht dazu führen, dass spekulative Aktivi-

täten unkontrolliert bleiben. Ohne angemessene Kontrollen können sich Blasen ungehindert entwickeln.

- **Weitere psychologische Faktoren:** Psychologische Faktoren wie Überoptimismus und Selbstüberschätzung spielen eine wichtige Rolle bei der Entstehung von Spekulationsblasen. Investoren neigen dazu, Risiken zu unterschätzen und die Wahrscheinlichkeit von Verlusten zu ignorieren.

Spekulationsblasen sind komplexe Phänomene, die durch eine Kombination von wirtschaftlichen, psychologischen und sozialen Faktoren entstehen. Das Verständnis dieser Mechanismen ist entscheidend, um zukünftige Blasen zu erkennen und gegebenenfalls aktive Handelsstrategien daraus abzuleiten.

Kann man Spekulationsblasen erkennen?

Wer aktive Anlagestrategien, also „stock picking“ oder „market timing“ verfolgt, sieht bei Spekulationsblasen zwei mögliche Ansatzpunkte. Erstens die Identifikation von Vermögenswerten, bei denen sich eine Spekulationsblase gebildet hat. Und zweitens die Identifikation des richtigen Kauf- bzw. Verkaufzeitpunkts. Beginnen wir mit der zweiten Überlegung und einer Klassifizierung des typischen Ablaufs einer Spekulationsblase. Charles Kindleberger und Hyman Minsky haben die Entstehung und den Verlauf von Spekulationsblasen in fünf Phasen unterteilt. Diese Phasen beschreiben den typischen Zyklus einer Blase von der Entstehung bis zum Zusammenbruch:

1. Displacement (Verlagerung)
2. Boom
3. Euphoria (Euphorie)
4. Profit-Taking (Gewinnmitnahmen)
5. Panic (Panik)

Displacement (Verlagerung)

Diese Phase beginnt mit einem exogenen Schock oder einer Innovation, die die Erwartungen der Investoren verändert. Dies könnte eine neue Technologie, eine politische Veränderung oder eine wirtschaftliche Entwicklung sein, die als „neues Paradigma“ wahrgenommen wird.

Boom
In der Boom-Phase steigen die Preise allmählich an, da immer mehr Investoren auf den Zug aufspringen. Die anfänglichen Gewinne ziehen weitere Investoren an und die Medien beginnen, positiv über die Anlageklasse zu berichten. Dies verstärkt die Nachfrage und treibt die Preise weiter in die Höhe.

Euphoria (Euphorie)
Die Euphoriephase ist durch eine rasante Preissteigerung gekennzeichnet. Investoren werden zunehmend spekulativ und ignorieren fundamentale Bewertungen. Die Angst, eine Gelegenheit zu verpassen (FOMO Fear of Missing Out), treibt die Preise weiter in die Höhe. In dieser Phase investieren oft auch unerfahrene Anleger.

Profit-Taking (Gewinnmitnahmen)
In dieser Phase beginnen informierte Investoren, ihre Gewinne mitzunehmen, da sie erkennen, dass die Preise überhöht sind. Dies führt zu einem Rückgang der Nachfrage und einem leichten Preisverfall. Die Stimmung beginnt zu kippen, und erste Zweifel an der Nachhaltigkeit der hohen Preise kommen auf.

Panic (Panik)
Die Panikphase ist durch einen massiven Preisverfall gekennzeichnet. Investoren verkaufen in Panik, was die Preise weiter drückt. Der Markt erlebt einen schnellen und dramatischen Rückgang, oft begleitet von wirtschaftlichen Turbulenzen. Schließlich stabilisieren sich die Preise auf einem Niveau, das näher am fundamentalen Wert liegt.

Basierend auf diesem Ablauf wäre es also rational für gewinnmaximierende Anleger, möglichst in der Verlagerungsphase Wertpapiere zu kaufen, um dann rechtzeitig, vor der Panik zu verkaufen. Zuvor müsste allerdings zunächst zu erkennen sein, ob sich bei einem Wertpapier eine Spekulationsblase aufpumpt. Folgende Argumente können herangezogen werden:

- **Rasanter Preisanstieg:** Ein schneller und anhaltender Anstieg der Preise, der weit über den fundamentalen Wert hinausgeht, ist ein starkes Indiz für eine Blase. Wobei immer die Problematik bleibt, den fundamentalen Wert eines Vermögensgegenstands zu identifizieren.
- **Übermäßige Medienberichterstattung:** Wenn die Medien intensiv und überwiegend positiv über einen bestimmten Vermögenswert be-

richten, kann dies die Nachfrage und die Preise weiter in die Höhe treiben.

- **Euphorie und Gier:** Eine allgemeine Stimmung der Euphorie, bei der Investoren glauben, dass die Preise nur steigen können, und Risiken ignoriert werden, ist typisch für eine Blase.
- **Eintritt von Laien-Investoren:** Ein starker Zustrom von unerfahrenen Investoren, die von der Aussicht auf schnelle Gewinne angezogen werden, kann ein weiteres Signal sein.
- **„Dieses Mal ist alles anders"-Mentalität:** Wenn Marktteilnehmer überzeugt sind, dass die traditionellen Regeln nicht mehr gelten und unbegrenzte Wertzuwächse möglich sind, ist Vorsicht geboten.
- **Hohe Verschuldung:** Leichte Verfügbarkeit von Krediten und eine hohe Verschuldung der Investoren können die Blase weiter anheizen und das Risiko eines Zusammenbruchs erhöhen.

Lässt man die oben genannten Argumente Revue passieren, ist nachvollziehbar, dass die Identifikation von Spekulationsblasen und deren Einordnung in ein Phasenschema mit enormen Unsicherheiten verbunden ist. Vor allem die Unterscheidung zwischen Spekulationsblase und Strukturbruch ist oft nur ex-post, also im Nachhinein möglich. Der Kursverlauf von Amazon folgte lange dem Muster einer Spekulationsblase, bevor klar wurde, dass das Unternehmen einen Strukturbruch eingeleitet hat. Jedenfalls bietet die Argumentation über Spekulationsblasen genügend Futter für aktive Wertpapierhandelsstrategien, womit sich als Nächstes die Frage stellt, wie sich Investieren in der Praxis darstellt.

Aktiv oder passiv? – Von der Theorie in die Praxis

Die zunehmende Verbreitung von Indexstrategien hat die Debatte über aktives oder passives Investieren regelrecht befeuert. Vor allem in Deutschland sind die Diskussionen häufig sehr emotional. Viele Anlegerinnen und Anleger verkennen noch immer die enormen Vorteile, die Indexstrategien mit sich bringen. Oft stammen die Argumente gegen passives Investieren aus Lagern, die aufgrund eigener Interessenkonflikte nicht offen für Indexstrategien sind. Während die meisten professionellen Marktteilnehmer in Deutschland bereits seit Anfang 2000 mit Gründung der Indexchange in ETFs anlegen, gibt es inzwischen nur noch wenige Marktsegmente, die in ihrer Asset-Allokation komplett auf Indexstrategien verzichten. Es ist denkbar, dass die Nachfrage von Endanlegern in Deutschland letztlich dafür sorgen wird, dass neben dem Direktvertrieb über Onlinebroker auch alle Intermediäre nicht um ETFs herumkommen.

Durch die Einführung von **ETFs** und das wachsende Kostenbewusstsein vieler Anlegerinnen und Anleger ist das verwaltete Vermögen in Indexstrategien im globalen Kontext explodiert. Wie wir später sehen werden, agieren ohnehin die allermeisten Investoren auch mit ETFs aktiv. Nur die Wenigsten investieren tatsächlich passiv. Eine umfangreiche Untersuchung der Vanguard Group, die seit Jahren kontinuierlich aktualisiert wird, beschäftigt sich mit den Grundlagen und Vorteilen kosteneffizienter Indexstrategien. Die Effektivität ist auf drei Faktoren zurückzuführen: das Nullsummenspiel, die Kosten sowie die mangelnde Persistenz aktiver Manager.

Das Konzept des Nullsummenspiels stammt aus der Spieltheorie: Die Summe aller Gewinne entspricht der Summe aller Verluste. Das Konzept lässt sich auch auf den Kapitalmarkt übertragen. In einem friktionslosen Markt muss es jederzeit gleich viele Investoren mit Mehrrenditen und Minderrenditen geben. Alle Anlegerergebnisse ergeben die **Marktrendite**. Das gilt auch für weniger effiziente oder liquide Märkte, auch wenn es auf den ersten Blick unlogisch erscheint. Viele Marktteilnehmer hoffen daher, stets auf der Gewinnerseite zu stehen, da die theoretische Chance auf eine Outperformance stets 50 % beträgt. Ein friktionsloser Markt, der ohne Transaktionskosten auskommt, ist jedoch nur in der Theorie realisierbar.

Warum sind die Kosten in der Geldanlage von enormer Bedeutung?

William Sharpe schrieb 1991 in seinem Aufsatz „The Arithmetic of Active Management", dass nach Kosten gemäß dem **Nullsummenspiel** die durchschnittliche Performance aktiver Manager stets geringer sein muss als die der passiven Manager. Die Abbildung zeigt, dass nach Abzug der Kosten für das Management, Verwaltungskosten, Provisionen, Transaktionskosten und eventuell Steuern von **Publikumsfonds** die Chance einer Outperformance unter 50 % liegt.

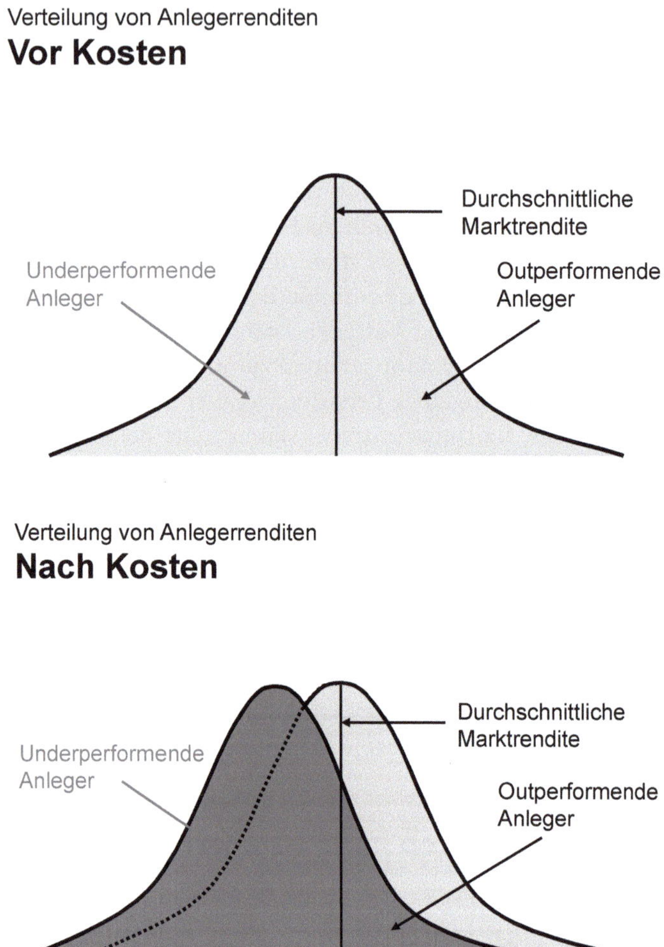

Abb. 7: Das Nullsummenspiel und der Einfluss der Kosten (Quelle: Eigene Darstellung, Vanguard)

Durch die Betrachtung der oben gezeigten Verteilungskurve auf alle verfügbaren Publikumsfonds wird die Theorie des Nullsummenspiels bestätigt. Die Vanguard Group wie auch die SPIVA Studien von S&P Global haben oft festgestellt, dass die meisten Fonds in der Rendite unter ihrer Benchmark liegen. Dieser Trend tritt besonders stark auf, wenn man alle fusionierten oder geschlossenen Fonds mitberücksichtigt. In der Praxis besteht kein signifikanter Unterschied zwischen Aktien- und Anleihenfonds, obwohl viele Marktteilnehmer davon ausgehen, dass in Anleihenmärkten aufgrund der geringeren Liquidität das Nullsummenspiel nicht greift.

Mehrere akademische Auswertungen haben untersucht, ob es ein Kriterium gibt, das Renditen aus der Sicht von Anlegern statistisch vorhersagt. Als verlässlichster Indikator, sowohl bei aktiven als auch bei passiven Fonds, stellt sich lediglich die Kostenquote heraus. Die Quintessenz für Investoren lautet daher: Je geringer die Kosten sind, desto höher ist die Wahrscheinlichkeit von Mehrerträgen im Portfolio.

Wie beständig sind die Renditen aktiver Fonds?

Wer aktive Fonds auswählt, muss sich fortlaufend mit der Wertentwicklung und Auswahl geeigneter Fonds beschäftigen. Viele Anleger wählen Fonds aufgrund der vergangenen Rendite aus. Die Frage, ob zukünftige Renditen anhand vergangener Wertentwicklungen vorhergesagt werden können, ist seit langem Gegenstand der Forschung.

Sharpe (1966) und Jensen (1968) haben vor rund 50 Jahren festgestellt, dass es kaum kontinuierliche Performance gibt. Drei Jahrzehnte später zeigte Carhart (1997), dass es keine Anzeichen für nachhaltige Mehrrenditen gibt, nachdem er seine Ergebnisse sowohl um das bekannte **Drei-Faktoren-Modell** von Fama und French (1993) als auch um den Momentum-Faktor bereinigt hatte. Vor einigen Jahren stellten Fama und French (2010) die Ergebnisse einer separaten 22-jährigen Studie vor, die nahelegen, dass es für aktive Fondsmanager äußerst schwierig ist, regelmäßig höhere Erträge als die Benchmark zu erzielen. Je länger der Betrachtungszeitraum ist, desto wahrscheinlicher ist eine Minderrendite. Es ist nicht ungewöhnlich, dass über einen Zeitraum von mindestens zehn Jahren der Anteil aktiver Fonds, die eine geringere Rendite als die Prospekt- oder Stilbenchmark erzielen, bei nahezu 100 % liegt. In der Regel liegt die Quote über 60 % in ein- bis dreijährigen Zeiträumen.

Es ist außerdem sinnvoll, den **Survivorship Bias** in Analysen zu berücksichtigen, da geschlossene oder fusionierte Fonds meist erfolglos waren. Indexstrategien sind vorrangig langfristig erfolgreich, da der Kostenvorteil mit der Anlagedauer steigt. Die Marktzyklizität ist ein wichtiger Faktor, da sich einzelne Segmente mitunter unterschiedlich entwickeln. Analysen, die den Beobachtungszeitraum in Bullen- oder Bärenmärkte unterteilen, bestätigen die Herausforderung für aktive Manager, konstante Renditen zu erzielen.

Angesichts der Unsicherheit, die durch aktives Management im Portfolio entsteht, sind kostengünstige und breit gestreute Indexfonds langfristig die vielversprechendste Lösung für die meisten Anlegerinnen und Anleger. Wer aktiv investieren möchte, sollte sich der Konsequenzen für den Portfolioaufbau bewusst sein und trotzdem kosteneffizient und diversifiziert investieren.

Warum ist es in der Praxis so schwer für aktive Fonds, die Benchmark zu schlagen?

Neben den Kosten gibt es in der Praxis einige zusätzliche Faktoren, die für aktive Fondsmanager eine Herausforderung darstellen. Im Aktienbereich folgt die Verteilungskurve von Einzelaktienrenditen in den wenigsten Fällen der Normalverteilung. Dies führt zu einer ungleichen Verteilung der Aktienrenditen. Sie nehmen eher die Form von positiver Schiefe an, wenn man die Einzelaktienrenditen auf einer Skala von schlechten nach positiven Renditen verteilt. Es ist wahrscheinlicher, dass die Mehrheit der Aktien deutlich unter der Median- und Durchschnittsrendite liegt, wobei gleichzeitig die Durchschnittsrendite deutlich über der Medianrendite liegen kann. Dies ist auf die Tatsache zurückzuführen, dass es in vielen Marktphasen nur wenige Unternehmen gibt, die sich positiv von der Marktperformance abheben. In der Praxis ergeben sich daher folgende Herausforderungen:

- Nur wenige Aktien können für einen Großteil der Renditen verantwortlich sein. Diese nicht oder untergewichtet zu halten, führt daher zu einer Underperformance.
- Diversifikation ist von entscheidender Bedeutung, um die Wahrscheinlichkeit von Mehrrenditen gegenüber der Benchmark zu erhöhen. Durch Diversifikation nimmt die Renditestreuung ab.

Professor Bessembinder von der Arizona State University zeigte in mehreren Studien, dass nur ein sehr kleiner Teil der Aktien für den Großteil der Gewinne am Aktienmarkt verantwortlich ist. In den USA waren seit 1926 nur 72 Unternehmen für die Hälfte des Vermögenszuwachses des gesamten Aktienmarktes verantwortlich. International war dies noch extremer: Zwischen 1990 und 2018 trugen nur 1,3 % der Aktien außerhalb der USA zu Mehrrenditen gegenüber US-Staatsanleihen bei. Diese Forschung belegt die

Bedeutung von Asymmetrie beim Investieren und unterstützt die Strategie, erfolgreiche Aktien langfristig zu halten („Gewinne laufen lassen"), breit zu streuen und nach der Marktkapitalisierung anzulegen.

Diversifikation und die höhere Wahrscheinlichkeit für Outperformance scheinen für viele Marktteilnehmer widersprüchlich. Viele Fondsmanager verwenden sehr konzentrierte Portfolios, um eine aktive Positionierung zu erreichen. Allerdings gehen viele dadurch unbewusst ein zu hohes Risiko für die zu erwartende Rendite ein.

Fondsmanager haben im Anleihesektor ähnliche Herausforderungen, denn auch bei Anleihen besteht ein negativer Zusammenhang zwischen den Kosten und der Rendite. Da Anleiherenditen geringer sind als die von Aktien, kommt es also umso mehr auf die Kosten an. Insgesamt gilt der Anleihemarkt jedoch als ineffizienter als der Aktienmarkt. Einige Untersuchungen zeigen beispielsweise, dass sich Anleiheportfolios besser an strukturelle Veränderungen wie das Zinsniveau anpassen lassen. So haben einige aktive Anleihemanager im Jahr 2022 aufgrund der absehbaren Zinssteigerungen vieler Notenbanken in ihren Anleiheportfolios die Duration gesenkt. Die Portfolios haben im Vergleich zu Marktbenchmarks weniger Drawdowns verzeichnet, was in dieser Phase zu einer besseren Performance geführt hat. Aktive Durationssteuerung in Zeiten von signifikanten Zinsveränderungen kann also zu Mehrwert für Anlegerinnen und Anleger führen. Die Wetten auf kleinere Änderungen der Zinskurve sind jedoch ebenso schwierig wie die auf Einzelaktien. Einige aktive Fondsmanager schaffen es in gewissen Anleihesegmenten über die Einzeltitelauswahl einen Mehrwert zur Benchmark zu erzielen.

Multi-Asset Portfolios kombinieren unterschiedliche Assetklassen, sodass die Entscheidungen bezüglich der Portfoliostruktur auch auf Ebene der Assetklassen getroffen werden müssen. Dies ist ein noch komplexeres Unterfangen als innerhalb einer Assetklasse. Taktische und flexible Strategien schneiden daher in der Regel schlechter ab als strategische Multi-Asset-Portfolios, die sich oft über eine hohe Investitionsquote auszeichnen. Die zyklische Steuerung der Aktienquote kann zu einer Underperformance im Aktienbereich beitragen. Vor allem bei Einbrüchen ist die Aktienquote niedriger als die einer Benchmark aus Indexstrategien. Bei einer hohen Volatilität und anschließenden Erholungsphasen entstehen nachhaltige Performanceverluste. Die Opportunitätskosten erhöhen sich mit jedem Tag, an dem Investoren nicht vollständig im Markt investiert sind. Antizyklisches

Verhalten, wie es passive Benchmarks bei jedem Rebalancing zeigen, führt hierbei zu einem langfristigen Performanceunterschied.

Die regulatorischen Richtlinien in Bezug auf die Diversifikation von Portfolios erschweren es Fondsmanagern, größere Positionen einzunehmen. Die OGAW-Richtlinie sieht in der 5/10/40-Regel vor, dass höchstens 10 % des Fondsvermögens in eine Einzelposition investiert werden darf. Alle Positionen, die über 5 % hinausgehen, dürfen maximal 40 % des Fondsvermögens ausmachen. In Märkten, wo Aktien über 5 % der Marktkapitalisierung ausmachen, kann es daher zu Herausforderungen im Portfoliomanagement kommen.

Dass man in der Realität oft ein Nebeneinander aktiver und passiver Ansätze auch für die gleichen Investoren beobachten kann, ist auch mit verhaltensökonomischen Mustern verbunden und führt so häufig zu irrationalem Handeln. Wir werden uns im nächsten Kapitel explizit mit der Frage beschäftigen, wozu ETFs in dieser Gemengelage verwendet werden können. Aber zunächst und als Abschluss dieses Kapitels gehen wir noch auf eine Frage ein, die in der Praxis oft gestellt wird.

Weshalb gibt es langfristig erfolgreiche Anlegerinnen und Anleger?

Bei erfolgreichen Akteuren am Finanzmarkt denken sicher viele z. B. an **Warren Buffett**. Seit er 1965 die Führung von Berkshire Hathaway übernommen hat, erzielte er eine durchschnittliche jährliche Rendite von etwa 19,8 %. Das bedeutet, dass eine Investition von 1.000 Dollar heute etwa 42,5 Millionen Dollar wert wäre. Aus Sicht der Finanzmarktökonomie stellt sich die Frage, ob eine solche langfristige Rendite auf Fähigkeit, Glück oder Herdentrieb zurückzuführen ist.

Bleiben wir zunächst beim Herdentrieb oder einer sich selbst erfüllenden Prophezeiung (self-fulfilling prophecy). Stellen wir uns dazu vor, Warren Buffett investierte in Aktie XY, um direkt anschließend zu verkünden, dass er in die Aktie XY investiert hat. Solange es genügend Akteure gibt, die seinem Beispiel folgen, wird der Kurs der XY-Aktie steigen und Warren Buffett kann seine Position wieder mit Gewinn abbauen.

Natürlich könnte die außergewöhnliche Performance von Berkshire Hathaway auch das Resultat besonderer Fähigkeiten sein. Im konkreten Fall ist Warren Buffett bekannt für seine Value-Investing-Strategie, die er von seinem Mentor Benjamin Graham gelernt hat. Er investiert in Unternehmen, die aus seiner Sicht unterbewertet sind, aber langfristig Potenzial haben.

Aus Sicht der Finanzmarktökonomie ist eine solche mögliche Fähigkeit aber nicht zu unterscheiden von rein zufälligem Glück. Bei Millionen von Anlegerinnen und Anlegern gibt es, gerade wenn der Anlageprozess zu zufälligen Ergebnissen führt, immer statistische Ausreißer in die eine oder andere Richtung. Die erfolglosen verschwinden ohne viel Aufsehen vom Markt. Die rein zufällig erfolgreichen Anleger schaffen es u. U. ins Rampenlicht der Öffentlichkeit.

Jedenfalls sind erfolgreiche Anlegerinnen oder Anleger noch kein Beweis dafür, dass aktive Anlagestrategien mit genügend Fachwissen und Fähigkeiten zwangsläufig zu einer Überrendite führen müssen.

Wozu kann ich ETFs verwenden?

Aus dem vorangegangenen Kapitel konnten wir mitnehmen, dass der Wertpapieranlageprozess für Privatanleger in vielerlei Hinsicht sehr komplex erscheint. Und eine der Kernfragen, ob aktive oder passive Anlagestrategien überlegen sind, wird in der Wissenschaft heftig diskutiert. Daher ist es nur logisch zu fragen, welchen Beitrag ETFs leisten können, um diese Komplexität des Anlageprozesses zu meistern. Der erste Blick geht dabei in die Praxis.

Wie nutzen Anleger ETFs in der Praxis?

Die meisten Anlegerinnen und Anleger nutzen ETFs strategisch (langfristig), zum Beispiel für den Aufbau einer Asset-Allokation. Es gibt allerdings auch eine Vielzahl von Investoren, die ETFs taktisch (kurzfristig) nutzen. Die Entscheidung, ETFs in einer bestimmten Strategie zu verwenden, hängt von verschiedenen Faktoren ab, darunter die investierte Summe, die Haltedauer, die Handelskosten oder die Risikobereitschaft.

Hier sind einige Möglichkeiten, wie insbesondere professionelle Investoren ETFs in ihren Portfolios verwenden:

Strategisch:

- **Asset-Allokation:** Das Portfolio wird komplett mit ETF-Kernbausteinen bestückt, um möglichst breit diversifiziert in alle Assetklassen anzulegen.
- **Sub-Asset-Allokation:** ETFs werden genutzt, um gewisse Teilbereiche einzelner Assetklassen oder Marktsegmente abzubilden.
- **Aktiv/Passiv Kombinationen:** Die Kombination von kosteneffizienten passiven (Index-)ETFs mit aktiven Fonds oder ETFs bietet Diversifikation sowie die Möglichkeit einer Outperformance.

Taktisch:

- **Portfoliofeinabstimmung:** Anlegerinnen und Anleger können ein Exposure auf gewisse Marktsegmente, Faktoren oder Stilrichtungen aufbauen, um Marktrisiken zu minimieren.
- **Risikomanagement:** Short-ETFs ermöglichen es Investoren, Long-Positionen abzuschwächen. Ebenso können Anleger mit einem ETF-Portfolio das Exposure ihrer strategischen Asset-Allokation replizieren und dabei ihre Liquidität erhöhen („Liquidity Sleeve“).
- **Taktische Anpassungen:** ETFs eignen sich zur Über- oder Untergewichtung bestimmter Anlageklassen, Regionen oder Länder.

Wenn man all diese Ansätze zusammenfasst, ergeben sich zwei große Anwendungsgebiete: Vermögensaufbau einerseits und Spekulation andererseits. Für beide Ansätze werden wir uns im Folgenden Einsatzmöglichkeiten von ETFs herleiten.

Wie unterstützen ETFs den Vermögensaufbau für die Altersvorsorge?

Bei dieser meist mittel- bis langfristigen Perspektive liegt das Augenmerk zunächst auf der Umsetzung einer passiven Anlagestrategie im Sinne der Modernen Portfoliotheorie. Daneben sind ETFs aber auch geeignet, den typischen verhaltenswissenschaftlichen Verzerrungen zu begegnen, welchen die meisten von uns im Anlageprozess unterliegen. Wir hatten auf die Probleme bei der Informationsverarbeitung und beim Umgang mit Risiko bereits weiter vorne im Buch hingewiesen.

Lassen sich mit ETFs rein passive Anlagekonzepte umsetzen?

Mit dem Aufbau eines ETF-basierten Portfolios werden wir uns im nächsten Kapitel noch etwas ausführlicher beschäftigen. An der Stelle lassen sich aber bereits einige wichtige Aspekte ansprechen.

Grundsätzlich sind ETFs generisch prädestiniert, eine passive Anlagestrategie umzusetzen. Dadurch, dass es ETFs für alle erdenklichen Indizes gibt, liegt es an den Anlegerinnen und Anlegern zu entscheiden, welches Marktportfolio für Ihre individuelle Situation am besten passt. In den Kapiteln *Wie baue ich mit ETFs ein Portfolio auf?* und *Welche neuen Entwicklungen gibt es?* werden wir noch einmal darauf eingehen, wie das individuelle Humankapital bei der Zusammenstellung einer passiven Anlagestrategie zu berücksichtigen ist.

Wie bereits mehrfach argumentiert, sind die Kosten einer passiven Strategie in der Umsetzung deutlich geringer als die einer aktiven Strategie, u. U. mit externem Portfoliomanagement. Auch bei der Wahl der Indizes, die zur Marktabbildung verwendet werden, gibt es kostenseitige Unterschiede.

Bei einer passiven Strategie basierend auf der Modernen Portfoliotheorie wird die individuelle Risikoneigung durch die Gewichtung zwischen risikoloser Anlage und risikobehaftetem Marktportfolio abgebildet. Da sich eine komplett risikolose Anlagemöglichkeit genau genommen nur theoretisch konstruieren lässt, wird in der Praxis der Part der risikolosen Anlage oft durch Staatsanleihen bester Bonität übernommen. Auch dafür bieten ETFs kostengünstige Indexlösungen.

Immer wieder thematisiert wird, dass gerade weltweit abbildende Indizes und damit auch die darauf beruhenden ETFs ein erhebliches Klumpenrisiko aufweisen. So machen im Jahr 2024 die 7 größten amerikanischen Tech-Aktien rund 15 % des weltweiten MSCI World aus. Die amerikanischen Aktien insgesamt summieren sich auf über 70 % des Index. Ob dies als Klumpenrisiko zu interpretieren ist oder ob dies Ausdruck der wirtschaftlichen Bedeutung der USA ist, wird intensiv diskutiert. Wer sich aber mit der Gewichtung, aus welchen Gründen auch immer, nicht wohlfühlt, kann problemlos als Ersatz oder als Ergänzung andere ETFs erwerben, deren Schwerpunkt anders ausgerichtet ist.

ETFs sind aber nicht nur Instrumente, um eine passive Anlagestrategie kosteneffizient umzusetzen. Sie können auch helfen, die häufigsten Fehler bei der Geldanlage zu verhindern.

Welche Fehler werden bei der Geldanlage häufig gemacht?

Die drei wichtigsten Fehler bei der Geldanalage sind:

- Probleme beim Umgang mit Informationen und mit Wahrscheinlichkeiten
- Kognitive Verzerrungen
- Emotionale Verzerrungen

Was sind die Probleme beim Umgang mit Informationen und Wahrscheinlichkeiten?

Im vorangegangenen Kapitel *Weshalb gibt es aktive und passive Fonds?* hatten wir bereits gelernt, dass Anlegerinnen und Anleger in der Realität nicht immer den Annahmen eines streng rationalen Homo oeconomicus folgen oder folgen können. Insofern ist es nicht verwunderlich, dass auch bei der Geldanlage für private Zwecke viele „Fehler" aus der neoklassischen Perspektive gemacht werden.

Verhaltenswissenschaftlich betrachtet sind solche **Verzerrungen** (Biases) oder Abkürzungen (Heuristics) allerdings nachvollziehbar als Reaktion des menschlichen Gehirns auf die enormen Herausforderungen bei der Geldanlage. Wir hatten schon identifiziert, dass diese Herausforderungen entstehen, weil die entscheidungsrelevanten Informationen überwältigend sein können, und weil der Umgang mit Risiko und Wahrscheinlichkeiten für das menschliche Gehirn ausgesprochen mühsam ist.

Wir werden im Folgenden beispielhaft kennenlernen, wie diesen Herausforderungen auf kognitiver und auf emotionaler Ebene begegnet wird. Es lohnt sich an der Stelle noch einmal klar herauszustellen, dass diese Verzerrungen und Abkürzungen nicht unbedingt irrational im Sinne von unvernünftig sind. Oft genug ist es in einer Entscheidungssituation notwendig, eine Verzerrung in Kauf zu nehmen oder eine Abkürzung zu wählen, um überhaupt eine Entscheidung zu treffen. Wer von uns möchte zum Beispiel beim Kauf eines Autos alle möglichen Informationen sammeln und abwägen bis hin zur Frage, ob eine graue oder farbige Innenausstattung besser ist für das Wohlbefinden auf Langstreckenfahrten.

Oft entscheiden wir „aus dem Bauch" heraus, um der Komplexität Herr zu werden. Auf die Welt der Wertpapieranlage bezogen heißt das aber auch, dass wir Entscheidungen treffen, die nicht optimal sind aus einer rein monetären Perspektive, also Maximierung der erwarteten Rendite bei gegebenem Risiko. Nachdem wir eine Reihe dieser verhaltenswissenschaftlichen Phänomene kennengelernt haben, werden wir anschließend überlegen, ob die bewusste Investition in ETFs helfen kann, diese Verzerrungen zu überwinden.

Was sind kognitive Verzerrungen?

Wir beginnen mit einem Blick auf die kognitiven Verzerrungen, die hauptsächlich entstehen, wenn unser Gehirn versucht, mit der Informationsmenge oder -komplexität klarzukommen. Hierzu gehören:

- Framing
- Suche nach Mustern
- Mental Accounting
- Kurzsichtigkeit
- Home Bias

Framing im Kontext der Finanzmärkte bezieht sich auf die Art und Weise, wie Informationen präsentiert und interpretiert werden, was die Entscheidungsfindung der Marktteilnehmer beeinflusst. Es ist ein Konzept aus der Verhaltensökonomie, das zeigt, dass die gleiche Information unterschiedlich wahrgenommen wird, je nachdem, wie sie dargestellt wird. Ein klassisches

Beispiel ist die Darstellung von Gewinnen und Verlusten. Wenn eine Aktie in einem bestimmten Zeitraum 3,4 % verloren hat, kann diese Information unterschiedlich interpretiert werden, je nachdem, ob sie im Kontext eines allgemeinen Marktabschwungs oder im Vergleich zu einem Konkurrenten präsentiert wird. Diese unterschiedlichen Interpretationsrahmen, oder „Frames", beeinflussen die Entscheidungen der Investoren und können zu irrationalem Verhalten führen. Framing kann auch in der Kommunikation von Finanzprodukten eine Rolle spielen. Ein Investmentfonds, der als „sicher" und „stabil" beschrieben wird, kann mehr Anleger anziehen als ein Fonds mit denselben Eigenschaften, der jedoch als „weniger riskant" bezeichnet wird. Diese subtile Veränderung in der Präsentation kann die Wahrnehmung und das Verhalten der Anleger erheblich beeinflussen.

Die **„Suche nach Mustern"** auf den Finanzmärkten bezieht sich auf die Analyse historischer Daten, um wiederkehrende Trends oder Muster zu identifizieren, die zukünftige Preisbewegungen vorhersagen könnten. Diese Methode wird häufig in der technischen Analyse verwendet, bei der Chartmuster wie Kopf-Schulter-Formationen, Doppelspitzen oder -tiefs und Trendlinien untersucht werden. Die Suche nach Mustern basiert auf der Annahme, dass sich die Geschichte wiederholt und vergangene Preisbewegungen Hinweise auf zukünftige Entwicklungen geben können. Allerdings ist diese Methode aus Sicht der Effizienzmarkthypothese nicht haltbar, da ja alle verfügbaren Informationen im Wertpapierkurs verarbeitet sein sollten. Dennoch ist diese Suche nach Mustern evolutionsbiologisch tief verwurzelt in unserem Gehirn. Gerade bei Zufallsprozessen suchen wir nach Mustern und Kausalitäten, wo nur Zufall und Korrelation zu finden sind.

Mental Accounting, oder mentale Buchführung, ist ein Konzept, das beschreibt, wie Menschen ihr Geld in verschiedene mentale Konten aufteilen. Diese Konten basieren oft auf subjektiven Kriterien wie der Quelle des Geldes oder der beabsichtigten Verwendung. Ein Beispiel ist, dass jemand Geld aus einem Bonus anders behandelt als sein reguläres Einkommen. Der Bonus könnte als „Spielgeld" betrachtet und daher eher für Luxusausgaben verwendet werden, während das reguläre Einkommen für notwendige Ausgaben und Sparen reserviert ist. Diese mentale Aufteilung beeinflusst das Ausgabe- und Investitionsverhalten erheblich. Im Kontext der Finanzmärkte kann Mental Accounting dazu führen, dass Anleger unterschiedliche Risikobereitschaften für verschiedene Teile ihres Portfolios haben. Sie könnten unter anderem risikoreichere Investitionen mit „überschüssigem" Geld tätigen, während sie konservativer mit ihrem Hauptkapital umgehen. Dies kann zu suboptimalen Entscheidungen führen, da es die Gesamtrisikobewertung verzerrt. Mental Accounting ist ein perfektes Beispiel dafür, wie Anlegerinnen und Anleger eine komplexe Entscheidung für sich handhabbar vereinfachen. Sie tauschen gewissermaßen Übersichtlichkeit gegen strenge Rationalität im Finanzmarktsinne.

Kurzsichtigkeit, oder „Myopia", im Kontext der Finanzmärkte bezieht sich auf die Tendenz von Investoren und Marktteilnehmern, kurzfristige Gewinne und Verluste überzubewerten und langfristige Konsequenzen zu vernachlässigen. Diese Verhaltensweise kann zu suboptimalen Entscheidungen führen, da sie die langfristige Perspektive und die nachhaltige Entwicklung eines Portfolios außer Acht lässt. Dies geschieht u. a. dann, wenn kurzfristige Kursschwankungen als besonders bedrohlich und riskant wahrgenommen werden, selbst wenn langfristig eine Kurserholung zu erwarten ist. Ein Beispiel für Kurzsichtigkeit ist auch das häufige Umschichten von Anlagen in Reaktion auf kurzfristige Marktbewegungen. Diese Strategie kann jedoch zu höheren Transaktionskosten und potenziell geringeren Renditen führen. Kurzsichtigkeit kann auch durch die Berichterstattung in den Medien verstärkt werden, die oft auf kurzfristige Ereignisse und Marktvolatilität fokussiert ist. Dies kann dazu führen, dass Investoren ihre Entscheidungen auf Basis von kurzfristigen Informationen treffen, obwohl sie eine langfristige Anlagestrategie verfolgen.

Zu guter Letzt in dieser Auflistung gehen wir auf den **Home Bias**, oder Heimatmarktneigung ein. Er beschreibt die Tendenz von Anlegern, einen überproportionalen Anteil ihres Vermögens in inländische Wertpapiere zu investieren, anstatt ihr Portfolio global zu diversifizieren. Diese Neigung kann auf verschiedene Faktoren zurückgeführt werden, wie die Vertrautheit mit heimischen Unternehmen und Märkten sowie die Wahrnehmung geringerer Risiken bei inländischen Anlagen. Diese Präferenz kann zu einer unzureichenden Diversifikation führen, was das Risiko erhöht und potenziell die Rendite mindert. Home Bias widerspricht der Modernen Portfoliotheorie, die eine breite Streuung der Anlagen empfiehlt. Trotz der potenziellen Nachteile bleibt Home Bias weitverbreitet, da viele Anlegerinnen und Anleger die zusätzlichen Informations- und Transaktionskosten sowie die Komplexität internationaler Investitionen scheuen. Insgesamt zeigt auch der Home Bias, wie kognitive Verzerrungen die Anlageentscheidungen beeinflussen können, oft zum Nachteil der Anlegerinnen und Anleger.

Was versteht man unter emotionalen Verzerrungen?

Bei den meisten kognitiven Verzerrungen sind im Beratungsprozess Aufklärung und Lernprozesse möglich. Viele Anlegerinnen und Anleger sind z. B. überrascht, wie groß der Home Bias ihrer Anlagestrategie ausfällt, wenngleich sie glauben, eine passive Strategie zu verfolgen. Ähnlich sieht es aus beim Framing, das sich als potenziell schädliche Verzerrung vermitteln lässt. Viel schwerer ist der Umgang mit emotionalen Verzerrungen, die oft tief in der Persönlichkeitsstruktur angelegt sind und sich nur schwer vermeiden lassen:

- Overconfidence
- Verlustaversion
- Überschätzen kleiner Wahrscheinlichkeiten

Overconfidence, oder übermäßiges Selbstvertrauen, beschreibt die Tendenz von Investoren, ihre eigenen Fähigkeiten und Kenntnisse zu überschätzen. Dies führt oft dazu, dass sie Risiken unterschätzen und übermäßig optimistische Entscheidungen treffen. Wir haben Overconfidence bereits in Kapitel *Weshalb gibt es aktive und passive Fonds?* kennengelernt. Aus verhaltenswissenschaftlicher Sicht ist Overconfidence eine Strategie, in komplexen Situationen schnell und konsequent Entscheidungen zu treffen. Ein Beispiel für Overconfidence ist, wenn Anleger glauben, dass sie den Markt besser vorhersagen können als andere und daher häufiger handeln. Diese übermäßige Handelsaktivität kann jedoch zu höheren Transaktionskosten und geringeren Renditen führen. Ein weiteres Beispiel ist die Neigung, vergangene Erfolge auf eigene Fähigkeiten zurückzuführen, während Misserfolge externen Faktoren zugeschrieben werden. Overconfidence kann auch dazu führen, dass Investoren ihre Portfolios nicht ausreichend diversifizieren, da sie zu sehr auf ihre eigenen Einschätzungen vertrauen. Dies erhöht das Risiko von Verlusten, da das Portfolio anfälliger für Marktschwankungen wird. Ausgehend von den bahnbrechenden Arbeiten von Barber/Odean gibt es in der Finanzliteratur mittlerweile sehr viele Studien, die immer wieder und an verschiedenen Stellen auf die Persistenz von Overconfidence hinweisen, selbst wenn im Beratungsprozess explizit darauf eingegangen wird.

Wahrscheinlich von allen emotionalen Verzerrungen am intensivsten erforscht ist die **Verlustaversion**, die nicht nur an Finanzmärkten auftritt, sondern sich wie ein roter Faden durch fast alle Bereiche menschlichen

Entscheidens zieht. Verlustaversion beschreibt die Tendenz von Menschen, Verluste stärker zu gewichten als Gewinne gleicher Größe. Dieses Konzept stammt aus der Verhaltensökonomie und wurde von Daniel Kahneman und Amos Tversky im Rahmen der Prospect Theory bereits 1974 entwickelt. Ein Beispiel für Verlustaversion ist, dass Anleger eher dazu neigen, eine riskante Anlage zu vermeiden, auch wenn die potenziellen Gewinne die Verluste übersteigen könnten. Diese Tendenz führt oft dazu, dass Investoren konservativere Entscheidungen treffen, um Verluste zu vermeiden, auch wenn dies bedeutet, dass sie potenzielle Gewinne verpassen. Verlustaversion kann auch dazu führen, dass Anleger an verlustreichen Investitionen festhalten, in der Hoffnung, dass sich der Markt erholt, anstatt ihre Verluste zu realisieren und in profitablere Anlagen zu investieren. Diese Verhaltensweise kann die Performance eines Portfolios negativ beeinflussen, da sie auf emotionalen Reaktionen statt auf rationalen Entscheidungen basiert. Evolutionsbiologisch ist dieses Verhalten allerdings sinnvoll, da es dazu beiträgt, Verluste zu vermeiden, die in früheren Evolutionsschritten des Menschen existenzgefährdend sein konnten. Man denke in diesem Zusammenhang nur an die Vermeidung von Missernten. Was nützt die Aussicht auf überragende Ernteerträge in der Zukunft, wenn die Sippe durch einen Ernteausfall ausgelöscht wird?

Ähnlich ausgerichtet ist die letzte emotionale Verzerrung, die wir uns in diesem Zusammenhang anschauen möchten. Das **Überschätzen kleiner Wahrscheinlichkeiten**, auch bekannt als „Probability Overestimation“, kann erhebliche Auswirkungen auf die Finanzmärkte haben. Diese Verzerrung führt dazu, dass Anleger die Wahrscheinlichkeit von seltenen Ereignissen, wie extremen Marktbewegungen oder finanziellen Krisen, überschätzen. Ein Beispiel ist die übermäßige Nachfrage nach Versicherungen gegen seltene Ereignisse, wie etwa bei Finanzderivaten, die Schutz vor extremen Marktverlusten bieten. Diese Überbewertung kann zu höheren Prämien und Kosten führen, was die Rendite der Investitionen mindert. Zudem kann es dazu führen, dass Anleger zu vorsichtig agieren und potenziell profitable Chancen verpassen. Ein weiteres Beispiel ist die Tendenz, in hochspekulative Anlagen zu investieren, die geringe Wahrscheinlichkeiten auf hohe Gewinne bieten, wie Pennystocks oder Kryptowährungen. Diese Anlagen sind oft mit hohen Risiken verbunden und können zu erheblichen Verlusten führen, wenn die erwarteten Gewinne nicht eintreten.

Kann unser Gehirn überhaupt rationale Entscheidungen treffen?

Alles in allem stellt sich vor dem Hintergrund dieser nur beispielhaft aufgelisteten Verzerrungen, die Frage, ob unser Gehirn überhaupt dafür geeignet ist, rationale Entscheidungen an Finanzmärkten zu treffen. Die kurze Antwort lautet: nein. Sehr ausführlich hat sich der mit dem Nobelpreis in Wirtschaftswissenschaften dekorierte Verhaltensökonom Daniel Kahneman mit der Frage beschäftigt. Sein Konzept der zwei Denksysteme, System 1 und System 2, bietet wertvolle Einblicke in die menschliche Entscheidungsfindung. System 1 arbeitet automatisch und schnell, ohne bewusste Anstrengung. Es basiert auf Intuition und sofortigen Reaktionen, die durch Erfahrungen und erlernte Muster geprägt sind. Beispiele für System 1 sind das Erkennen von Gesichtern, das Fahren auf einer vertrauten Strecke oder das Lösen einfacher mathematischer Aufgaben wie 2 + 2. System 2 hingegen ist langsamer, bewusster und erfordert mehr kognitive Anstrengung. Es wird aktiviert, wenn komplexe Probleme gelöst, Entscheidungen abgewogen oder neue Informationen verarbeitet werden müssen. Beispiele für System 2 sind das Ausfüllen einer Steuererklärung, das Lernen einer neuen Sprache oder das Planen einer langfristigen Investitionsstrategie.

Die Interaktion dieser beiden Systeme erklärt viele kognitive oder emotionale Verzerrungen und Fehlentscheidungen. System 1 neigt dazu, schnelle, aber manchmal fehlerhafte Urteile zu fällen, während System 2 diese Urteile überprüfen und korrigieren kann. Allerdings ist System 2 oft träge und wird nicht immer aktiviert, was dazu führt, dass Menschen auf ihre intuitiven, aber möglicherweise ungenauen Einschätzungen vertrauen. Ein praktisches Beispiel ist die Anlageentscheidung an den Finanzmärkten. Investoren könnten aufgrund von System 1 impulsiv handeln, indem sie auf kurzfristige Marktbewegungen reagieren, anstatt eine fundierte, langfristige Strategie zu verfolgen. System 2 könnte helfen, diese Impulse zu kontrollieren und rationalere Entscheidungen zu treffen, indem es eine gründliche Analyse der Marktbedingungen und der eigenen finanziellen Ziele durchführt.

Erst seit etwa 2010 gibt es auch die Möglichkeit durch neurobiologische Untersuchungen und Experimente verhaltenswissenschaftliche Erkenntnisse zu überprüfen. Neurobiologische Erkenntnisse unterstützen Daniel Kahnemans Theorie von System 1 und System 2, indem sie die zugrunde liegenden Gehirnprozesse und Strukturen erklären, die diese beiden Denksysteme steuern. System 1, das schnelle, automatische und intuitive Denken, wird hauptsächlich durch evolutionär ältere Gehirnregionen wie das limbische System und „älterer“ Teile des präfrontalen Kortex gesteuert. Diese Regionen sind für emotionale Reaktionen und schnelle Entscheidungsfindung verantwortlich, was erklärt, warum System 1 schnell und mühelos arbeitet. System 2, das langsame, bewusste und analytische Denken, wird hingegen durch den dorsolateralen präfrontalen Kortex gesteuert. Diese Gehirnregion ist für komplexe kognitive Prozesse wie Planung, Problemlösung und logisches Denken zuständig. Neurobiologische Studien haben gezeigt, dass System 2 mehr kognitive Ressourcen und Energie benötigt, was erklärt, warum es langsamer und anstrengender ist.

Ein **Beispiel** für die neurobiologische Unterstützung von Kahnemans Theorie ist die neuronale Plastizität, die Fähigkeit des Gehirns, sich durch Lernen und Erfahrung zu verändern. Wenn wir neue Fähigkeiten erlernen oder neue Informationen verarbeiten, bilden sich neue neuronale Verbindungen, die die Effizienz von System 2 verbessern können. Gleichzeitig können häufig wiederholte Aufgaben und Erfahrungen die Effizienz von System 1 erhöhen, indem sie diese Prozesse automatisieren. Zusammengefasst zeigen neurobiologische Erkenntnisse, dass die beiden Denksysteme auf unterschiedlichen Gehirnstrukturen und -prozessen basieren. Diese Erkenntnisse unterstützen Kahnemans Theorie, indem sie erklären, warum und wie System 1 und System 2 unterschiedlich arbeiten und wie sie unsere Entscheidungsfindung beeinflussen. Und vor allem helfen Sie auch zu verstehen, weshalb Menschen in Entscheidungssituationen primär auf das System 1 zurückgreifen. Das System 1 verbraucht wesentlich weniger Energie, und unser Gehirn ist evolutionsbiologisch auf energieeffizient getrimmt.

Lassen sich Fehler bei der Geldanlage quantifizieren?

Es gibt viele Studien, welche die Fehler in der Geldanlage messen und quantifizieren. Dadurch werden sie greifbarer. In der Praxis gibt es unterschiedliche Kalkulationsmethoden. Diese lassen sich auch miteinander kombinieren:

- **Benchmarkvergleiche**: Durch die Analyse der Performance eines Portfolios mit einer relevanten Benchmark kann der Performanceverlust oder -gewinn quantifiziert werden, der durch Fehler wie falsches Timing, unzureichende Diversifikation oder zu hohe Handelskosten entstanden ist. Das Halten von zu teuren Fonds kann ebenfalls quantifiziert werden.

- **Opportunitätskosten**: Dies sind Berechnungen, was Anlegerinnen und Anleger hätten verdienen können, wenn man eine bessere Entscheidung getroffen hätte. Die entgangenen Gewinne stellen die Opportunitätskosten dar.
- **Risikomessung**: Fehler können auch durch ein erhöhtes Risiko, das sie in das Portfolio bringen, quantifiziert werden. Häufig werden die Standardabweichung und das Sharpe Ratio als Maß herangezogen.
- **Verhaltensbedingte Kosten**: Fehlentscheidungen aufgrund emotionaler Reaktionen können anhand der Renditeunterschiede quantifiziert werden, die durch rationalere Entscheidungen erzielt worden wären.

Die Kombination dieser Methoden ermöglicht eine detaillierte Analyse der Auswirkungen von Fehlern in der Geldanlage. In zahlreichen Studien von Vanguard, Morningstar, Russell Investments oder der Wissenschaft (Dalbar, Barber) werden Verhaltensfehler zwischen 1 % und 4 % pro Jahr geschätzt. Die vergangene Wertentwicklung von Wertpapieren hat einen großen Einfluss auf die Entscheidungsfindung, obwohl diese keine verlässlichen Prognosen für zukünftige Gewinne liefert. Shefrin und Statman beobachteten die Tendenz von Investoren, ihre Gewinne zügig zu veräußern und Verluste zu halten und bezeichneten dieses Phänomen erstmals als Dispositionseffekt. Die Rendite der Anleger liegt oft deutlich unter der Fondsrendite. Dies lässt sich immer wieder an Praxisbeispielen verdeutlichen. Morningstar errechnete, dass der aktive ETF (ARKK) von der bekannten Technologieinvestorin Cathie Wood seit Auflage im Jahr 2014 bis 2024 eine jährliche Rendite von etwa +9,7 % erzielte. Dies entspricht in etwa der durchschnittlichen langfristig zu erwarteten Marktrendite. Die Anleger erzielten in diesem Zeitraum dagegen eine negative (!) durchschnittliche Rendite von -16,5 %.

Die Renditelücke kann durch professionelles Portfoliomanagement über einen geeigneten Finanzberater deutlich reduziert werden, da die meisten Anlegerinnen und Anleger ihre emotionalen Verzerrungen in volatilen Marktphasen nur schwer einschränken können.

Helfen ETFs, Verzerrungen zu überwinden?

Wir konnten weiter oben in finanziellen Entscheidungsprozessen zwei Arten von Verzerrungen unterscheiden: kognitive und emotionale. Verursacht wurden diese Verzerrungen dadurch, dass für die grundsätzlich in die Zukunft gerichteten Entscheidungen an Finanzmärkten eine überwältigende Menge an Informationen zur Verfügung steht. Außerdem sind die Entscheidungen immer mit Ungewissheit und Risiko verknüpft. Und der Umgang mit Risiko ist für das menschliche Gehirn nur schwer nach streng rationalen Kriterien zu bewältigen. Daher stellt sich im Folgenden die Frage, wie der Einsatz von ETFs Anlegerinnen und Anlegern helfen kann, mit der Komplexität umzugehen.

Welche Lösungsansätze gibt es bei kognitiven Verzerrungen?

Kognitive Verzerrungen sind systematische Denkverzerrungen, die unsere Urteilsfähigkeit und Entscheidungsfindung beeinflussen. Bei finanziellen Entscheidungen können sie zu suboptimalen Ergebnissen führen. Der Umgang mit Informationen kann eine wichtige Rolle dabei spielen, diese Verzerrungen zu verringern. Dabei geht es nicht allein um den Einsatz von ETFs, sondern auch idealerweise um den begleitenden Beratungsprozess für Privatanleger:

- Bildung und Bewusstsein
- Daten und Analysen
- Diversifikation der Informationsquellen

Bildung und Bewusstsein
Das Bewusstsein für kognitive Verzerrungen ist der erste Schritt zu ihrer Reduzierung. Durch Bildung und Aufklärung können Menschen lernen, wie Verzerrungen ihre Entscheidungen beeinflussen. Finanzielle Bildungskurse, Workshops und Online-Ressourcen können dabei helfen, dieses Bewusstsein zu schärfen. Viele dieser Ansätze fallen unter das Stichwort „Financial Literacy“ (Finanzbildung). Mit Grundwissen in diesem Bereich lässt sich nachvollziehen, wie sinnvoll eine passive Anlagestrategie sein kann und wie wichtig es ist, bei Risikobetrachtungen eine möglichst langfristige Perspektive zu wählen.

Daten und Analysen
Der Zugang zu umfassenden und genauen Daten kann helfen, fundiertere Entscheidungen zu treffen. Finanzielle Informationen wie historische Daten, Marktanalysen und Prognosen können dazu beitragen, eine realistische Perspektive zu entwickeln. Zum Beispiel kann die Analyse von Aktienkursen und Unternehmensberichten helfen, den tatsächlichen Wert einer Investition besser zu verstehen. Dabei helfen auch technologische Werkzeuge wie Finanz-Apps. Algorithmen können kognitive Verzerrungen reduzieren, indem sie objektive Analysen und Empfehlungen bieten. Diese Tools können auch Warnungen und Empfehlungen geben, die auf den individuellen finanziellen Zielen und Risikoprofilen basieren. Der Umgang mit Daten und Analysen wird spürbar erleichtert, wenn das Anlageuniversum durch die Fokussierung auf ETFs in sinnvoller Weise eingeschränkt wird.

Diversifikation der Informationsquellen
Der Konsum von Informationen aus verschiedenen Quellen kann helfen, den Bestätigungsfehler zu verringern, bei dem Menschen dazu neigen, nur Informationen zu suchen, die ihre bestehenden Überzeugungen bestätigen. Durch das Lesen von Berichten, Analysen und Meinungen aus unterschiedlichen Perspektiven können Anleger ein umfassenderes Bild der finanziellen Landschaft erhalten und ausgewogenere Entscheidungen treffen. Gerade dabei kann Beratungsunterstützung von außen zielführend sein. Und das fällt umso leichter, je fokussierter der Anlageprozess durch die Konzentration auf ETFs aufgestellt ist. Dazu gehören auch regelmäßige Reflexion und das Einholen von Feedback. Dies ist notwendig, um vergangene Entscheidungen zu analysieren und aus Fehlern zu lernen. Feedback von Dritten kann oft objektiver sein und helfen, blinde Flecken zu erkennen. Das ist vor allem dann angezeigt, wenn der Umgang mit Künstlicher Intelligenz Scheinkausalitäten oder Zusammenhänge generiert.

All die oben genannten Punkte ändern allerdings nichts daran, dass eine Vielzahl der besonders schädlichen Verzerrungen emotionalen Ursprungs ist. Auch in diesem Kontext können ETFs einen wertvollen Beitrag leisten.

Hilft Selbstbindung als Instrument gegen emotionale Verzerrungen?

Selbstbindung, auch bekannt als Selbstverpflichtung, ist eine Strategie, bei der man sich im Voraus auf bestimmte Regeln oder Maßnahmen festlegt, um zukünftige Entscheidungen zu steuern und **emotionale Verzerrungen** zu minimieren:

- Automatisierung von Entscheidungen
- Vordefinierte Regeln
- Langfristige Ziele

Diese Methode kann besonders hilfreich sein, um impulsive und emotionale Entscheidungen bei finanziellen Angelegenheiten zu vermeiden.

Automatisierung von Entscheidungen
Durch die Automatisierung von finanziellen Entscheidungen, wie regelmäßige Sparpläne oder automatische Überweisungen auf ein Anlagekonto, kann man emotionale Schwankungen umgehen. Diese automatisierten Prozesse reduzieren die Notwendigkeit, ständig neue Entscheidungen zu treffen, und minimieren so das Risiko, impulsiv zu handeln. Ganz besonders gut geeignet dafür sind ETFs, die keine fortwährend neuen Entscheidungssituationen kreieren.

Vordefinierte Regeln
Selbstbindung kann durch das Festlegen von vordefinierten Regeln erleichtert werden. Beispielsweise kann man sich verpflichten, einen bestimmten Prozentsatz des Einkommens zu sparen oder nur einen festgelegten Betrag in risikoreiche Anlagen zu investieren. Diese Regeln helfen, emotionale Reaktionen auf Marktveränderungen zu kontrollieren und rationalere Entscheidungen zu treffen.

Langfristige Ziele
Das Setzen und Festhalten an langfristigen finanziellen Zielen kann helfen, kurzfristige emotionale Verzerrungen zu überwinden. Wenn man sich auf langfristige Ziele konzentriert, wie den Aufbau eines Portfolios für die Altersvorsorge oder das Sparen für eine Immobilie, ist man weniger geneigt, auf kurzfristige Marktbewegungen emotional zu reagieren. ETFs sind dafür prädestiniert, eine langfristige Sichtweise zu entwickeln, ohne kurzfristig agieren zu müssen. Dazu dienen dann auch langfristige Verträge oder Vereinbarungen. Ein Beispiel wäre ein Vertrag mit einem Finanzberater oder Finanzberaterin, die bestimmte Anlageentscheidungen nur nach vorheriger Absprache erlaubt. Solche Vereinbarungen schaffen eine zusätzliche Hürde für impulsive Entscheidungen.

Welchen Beitrag leistet Financial Nudging?

Financial Nudging bezieht sich auf subtile Anstöße oder Hinweise, die Menschen dazu bringen, bessere finanzielle Entscheidungen zu treffen, ohne ihre Entscheidungsfreiheit einzuschränken. Diese Technik basiert auf Erkenntnissen der Verhaltensökonomie und nutzt psychologische Prinzipien, um das Verhalten zu beeinflussen. Ganz entscheidend dabei ist, dass es beim Nudging nicht darum geht, Marktteilnehmerinnen oder Marktteilnehmer zu manipulieren. Nudging bietet Hilfestellungen, die Verzerrungen zu überwinden, die wir oben als kognitiv oder emotional verursacht kennengelernt haben. Hier sind einige Wege, wie Financial Nudging zu besseren Finanzmarktentscheidungen führen kann:

- Automatische Einschreibung
- Standardoptionen
- Informationsgestaltung
- Erinnerungen und Warnungen
- Verhaltensverträge in Kombination mit Selbstbindung
- Soziale Normen
- Feedback und Belohnungen

Automatische Einschreibung
Eine der effektivsten Formen des Financial Nudging ist die automatische Einschreibung in Spar- oder Anlagepläne. Anstatt dass Mitarbeiter sich aktiv für einen stark subventionierten Pensionsplan anmelden müssen, werden sie automatisch eingeschrieben und müssen sich aktiv abmelden, wenn sie nicht teilnehmen möchten. Studien haben gezeigt, dass diese Methode die Teilnahmequoten erheblich erhöht und somit langfristig zu einer besseren finanziellen Absicherung führt.

Standardoptionen
Die Festlegung von Standardoptionen kann ebenfalls helfen, bessere Entscheidungen zu fördern. Wenn beispielsweise eine passiv ausgerichtete, Marktportfolioorientierte ETF-Auswahl als Standardoption in einem Altersvorsorgeplan festgelegt wird, neigen die Teilnehmenden dazu, diese Option zu wählen, anstatt sich aktiv für eine andere, möglicherweise riskantere Option zu entscheiden. Diese Standardoptionen können sogar so gestaltet werden, dass sie den langfristigen finanziellen Zielen der Teilnehmer entsprechen.

Informationsgestaltung

Die Art und Weise, wie Informationen präsentiert werden, kann das Entscheidungsverhalten stark beeinflussen. Durch die Hervorhebung wichtiger Informationen und das Vereinfachen komplexer Daten können Menschen besser informierte Entscheidungen treffen. Zum Beispiel können einfach verständliche, grafische Darstellungen von Anlagerisiken und -renditen helfen, die potenziellen Auswirkungen verschiedener Anlageentscheidungen besser zu verstehen.

Erinnerungen und Warnungen

Erinnerungen und Warnungen sind weitere effektive Nudges. Regelmäßige Erinnerungen an Sparziele oder Warnungen vor übermäßigen Ausgaben können Menschen dabei helfen, ihre finanziellen Pläne einzuhalten. Diese Erinnerungen können durch Apps oder E-Mail-Benachrichtigungen bereitgestellt werden und helfen, das Bewusstsein für finanzielle Ziele aufrechtzuerhalten.

Verhaltensverträge in Kombination mit Selbstbindung

Verhaltensverträge sind Vereinbarungen, die Menschen mit sich selbst oder anderen treffen, um bestimmte finanzielle Ziele zu erreichen. Diese Verträge können durch Nudging unterstützt werden, indem sie Anreize oder Konsequenzen für das Einhalten oder Nichteinhalten der Vereinbarungen bieten. Zum Beispiel könnte ein Vertrag vorsehen, dass ein bestimmter Betrag gespart wird, und bei Nichterfüllung eine Spende an eine wohltätige Organisation erfolgt.

Soziale Normen

Das Nutzen sozialer Normen kann ebenfalls ein wirksames Nudge sein. Menschen neigen dazu, ihr Verhalten an dem ihrer Peers auszurichten. Durch das Hervorheben positiver finanzieller Verhaltensweisen in der Gemeinschaft, wie hohe Sparquoten oder verantwortungsbewusstes Investieren, können Menschen dazu angeregt werden, ähnliche Verhaltensweisen zu übernehmen.

Feedback und Belohnungen

Regelmäßiges Feedback und Belohnungen für das Erreichen finanzieller Ziele können die Motivation erhöhen. Finanz-Apps, die Fortschritte verfolgen und kleine Belohnungen für das Erreichen von Sparzielen bieten, können dazu beitragen, positive finanzielle Gewohnheiten zu fördern.

Wie können ETFs für Spekulationszwecke eingesetzt werden?

Dass der Punkt kurz ausfällt, liegt nicht daran, dass ETFs nicht zu Spekulationszwecken verwendet werden. Ganz im Gegenteil: Wir sind bereits zu Beginn des Kapitels auf dieses Thema eingegangen. Sondern daran, dass die kurze Antwort lauten müsste: „in jeder erdenklichen Art und Weise".

An den Finanzmärkten bezeichnet Spekulation den Kauf oder Verkauf von Finanzinstrumenten wie Aktien, Anleihen, Rohstoffen oder Währungen, mit dem Ziel, von zukünftigen Preisänderungen zu profitieren. Im Gegensatz zu langfristigen Investitionen, die auf fundamentalen Analysen und dem Halten von Vermögenswerten über längere Zeiträume basieren, ist Spekulation oft kurzfristiger Natur und kann höhere Risiken beinhalten. Dieser Definition folgend ist jede Abweichung in der Anlagestrategie vom Marktportfolio, also jede aktive Strategie Spekulation.

In der Literatur werden oft folgende Hauptmerkmale der Spekulation genannt: Spekulanten halten ihre Positionen oft nur für **kurze Zeiträume**, von Minuten bis zu einigen Monaten, um von kurzfristigen Marktbewegungen zu profitieren. Spekulation kann zu hohen Gewinnen führen, birgt aber auch das **Risiko** erheblicher Verluste. Spekulanten nutzen oft Hebelwirkung, um ihre potenziellen Gewinne zu maximieren, was das Risiko weiter erhöht. Spekulanten bevorzugen Märkte mit hoher Liquidität, da diese es ihnen ermöglichen, schnell in und aus Positionen zu wechseln, ohne den Marktpreis erheblich zu beeinflussen. Nicht unterschätzen sollte man, dass Spekulation aus Sicht der Finanzmärkte nicht per se negativ einzuschätzen ist. Die effiziente Preisfindung an Wertpapiermärkten ist davon abhängig, dass es Marktteilnehmer gibt, die glauben, über bessere oder schnellere Informationen eine Überrendite (verglichen mit der Marktrendite) beim Kauf oder Verkauf von Wertpapieren erwirtschaften zu können.

Typische, ausgewählte Beispiele für spekulative Aktivitäten sind:

- **Day Trading**: Der Kauf und Verkauf von Finanzinstrumenten innerhalb eines einzigen Handelstages, um von kleinen Preisbewegungen zu profitieren.
- **Swing Trading**: Das Halten von Positionen über mehrere Tage oder Wochen, um von kurzfristigen Trends zu profitieren (siehe auch unten).

- **Optionshandel**: Der Kauf und Verkauf von Optionen, die das Recht, aber nicht die Verpflichtung geben, einen Vermögenswert zu einem bestimmten Preis zu kaufen oder verkaufen.

Aus der Definition von und den Beispielen für Spekulation dürfte ersichtlich sein, dass es unzählige, mögliche Ansatzpunkte gibt, mithilfe von ETFs Spekulationsstrategien umzusetzen. In Kapitel *Wie unterscheiden sich ETFs?* hatten wir schon einige dieser Produkte kennengelernt, die nicht nur einen wie auch immer abgegrenzten Gesamtmarkt abbilden. Einige wichtige Ansätze und Produkte seien hier noch einmal angesprochen:

- Hebel-ETFs
- Inverse ETFs
- Sektor- und Themen-ETFs
- Volatilitäts-ETFs
- Swing Trading
- Liquidität und Handelbarkeit

Hebel-ETFs
Hebel-ETFs sind speziell für kurzfristige Spekulationen konzipiert. Sie verwenden Finanzderivate und zusätzliche Verschulden, um die täglichen Renditen eines zugrunde liegenden Index zu vervielfachen. Zum Beispiel kann ein 2x Hebel-ETF die tägliche Rendite eines Index verdoppeln. Diese ETFs sind jedoch riskant und können zu erheblichen Verlusten führen, wenn der Markt sich gegen die Position bewegt.

Inverse ETFs
Inverse ETFs, auch als Short-ETFs bekannt, zielen darauf ab, die entgegengesetzte Rendite eines Index zu erzielen. Sie sind nützlich für Anleger, die auf fallende Märkte spekulieren möchten. Diese ETFs nutzen Derivate, um von fallenden Kursen zu profitieren. Wie Hebel-ETFs sind auch Inverse ETFs für kurzfristige Strategien gedacht und können bei längerer Haltedauer enorme Risiken aufweisen.

Sektor- und Themen-ETFs
Sektor- und Themen-ETFs ermöglichen es Anlegern, auf spezifische Branchen oder Trends zu spekulieren. Beispielsweise kann ein Technologie-ETF genutzt werden, um von einem erwarteten Boom im Technologiesektor zu profitieren. Themen-ETFs, die sich auf spezifische Trends wie erneuerbare Energien oder künstliche Intelligenz konzentrieren, bieten ähnliche Speku-

lationsmöglichkeiten. Die Rolle von Themen-ETFs im Portfolio werden wir in Kapitel *Wie baue ich mit ETFs ein Portfolio auf?* beleuchten.

Volatilitäts-ETFs
Volatilitäts-ETFs, wie ein VIX-ETF, bieten eine Möglichkeit, auf die Marktvolatilität zu spekulieren. Diese ETFs basieren auf dem Volatilitätsindex (VIX), der die erwartete Volatilität des Marktes misst. Anleger können diese ETFs nutzen, um von steigender oder fallender Volatilität zu profitieren, was besonders in unsicheren Marktphasen attraktiv sein kann.

Swing Trading
Swing Trading mit ETFs beinhaltet das Halten von Positionen über mehrere Tage oder Wochen, um von kurzfristigen Kursbewegungen zu profitieren. Diese Strategie erfordert eine sorgfältige Marktbeobachtung, um Ein- und Ausstiegspunkte zu bestimmen. In diesem Zusammenhang ist auch der nächste Punkt zu sehen.

Liquidität und Handelbarkeit
ETFs bieten hohe Liquidität und können während der Handelszeiten wie Aktien gekauft und verkauft werden. Dies macht sie zu einem attraktiven Instrument für spekulative Anleger, die schnell auf Marktveränderungen reagieren möchten.

Diese Liste ließe sich noch fast beliebig lang weiterführen. Und sie zeigt auch, dass ETFs flexibel und mit ganz unterschiedlicher Zielsetzung von Anlegerinnen und Anleger eingesetzt werden können. So ist es kaum verwunderlich, dass sich das Innovationstempo bei neuen Produkten in letzter Zeit eher beschleunigt. Im Kapitel *Welche neuen Entwicklungen gibt es?* werden wir u. a. auf die neuesten Trends eingehen. Vorher werfen wir allerdings noch einen Blick auf eine zentrale Fragestellung aus der Perspektive der Praxis: Wie baue ich mit ETFs überhaupt ein individuell geeignetes Portfolio?

Wie baue ich (mit ETFs) ein Portfolio auf?

Insgesamt hat sich die zielbasierte Vermögensanlage für den langfristigen Portfolioaufbau durchgesetzt. Hierbei werden zunächst die individuellen Finanz- und Lebensziele der Anlegerinnen und Anleger berücksichtigt. Wir werden später in diesem Kapitel auf die Vorgehensweise eingehen. In der Praxis zeigt sich immer wieder, dass viele Endkunden diese Aufgabe sehr schwer eigenständig bewältigen können.

Wen kann ich beim Portfolioaufbau zurateziehen?

Aufgrund der Komplexität beim Portfolioaufbau werden in der Praxis oft Finanzberaterinnen und Finanzberater in den Entscheidungsprozess, vor allem in die Festlegung der Zielsetzung und der Anlagestrategie mit einbezogen. Sobald die Ziele definiert sind, ist die Auswahl der geeigneten Mittel zur Erreichung der Ziele von Bedeutung.

Bei einer ganzheitlichen Finanzberatung werden nicht nur die Assetklassen, sondern auch die Risikotragfähigkeit, Vermögensstruktur und Erkenntnisse aus der Finanzplanung berücksichtigt. Sobald all diese Punkte geklärt sind, beginnen die Überlegungen, wie ETFs zur Zielerreichung eingesetzt werden können.

Welche Faktoren beeinflussen die Wertentwicklung eines Portfolios?

Für die langfristige Wertentwicklung eines Portfolios ist vordergründig die **strategische Asset-Allokation (SAA)** entscheidend, nicht die taktische (TAA). Dies ist ein Ergebnis verschiedener Studien. Doch was steckt hinter beiden Begriffen?

Die SAA ist für die langfristige Anlageplanung verantwortlich und wird in der Regel für mehrere Jahre festgelegt. Sie beruht meist auf einem breit diversifizierten Portfolio und wird einmal im Jahr überprüft. Die SAA ist in der modernen Finanzindustrie Grundlage für den Aufbau globaler Portfolios geworden. Ziel der TAA ist es hingegen, innerhalb der SAA unterjährig einen Mehrwert über Markt-Timing oder Wertpapierauswahl zu generieren. Wir haben bereits die grundsätzliche Problematik der TAA erörtert. Anlegerinnen und Anleger können beispielhaft ein Portfolio aus 60 % Aktien und 40 % Anleihen als SAA festlegen. In der TAA könnte man nun versuchen das Aktien- oder Anleihengewicht unterjährig zu verschieben, um eine bessere Performance zu erzielen.

Die Frage, die sich nicht nur Wissenschaftler, sondern auch Praktiker seit Jahrzehnten stellen, ist, welche Faktoren die Wertentwicklung eines Portfolios beeinflussen. Brinson, Hood und Beebower (BHB) untersuchten bereits 1987 die Performance von 91 US-Pensionskassen über einen Zeitraum von 1974 bis 1983. Sie erkannten, dass die SAA deutlich wichtiger ist als die TAA, indem sie für 93,6 % der Renditeverteilungen verantwortlich war. Zudem blieben viele Pensionskassen hinter der Marktrendite zurück.

Diese Studie hat die Portfoliomanagementindustrie über viele Jahre sehr stark beeinflusst. Die Schwächen der Studie wurden über die Jahre von Jahnke (1997), Ibbotson und Kaplan (2000), Hood (2005) sowie Davis et al. (2007) adressiert. Die Erkenntnisse wurden erweitert und viele Teilaspekte wiederholt bestätigt.

Es geht schließlich darum, ob aktives Management über die TAA sowie das flexible Agieren innerhalb der Assetklassen mehr Rendite bei weniger Volatilität erzielen kann. Studien von Vanguard aus dem Jahr 2012 zeigen folgende Erkenntnisse:

- Breit diversifizierte Mischfonds mit einem geringen Anteil an Markt-Timing bewegen sich sehr nahe an der Marktrendite, auch im globalen Kontext verschiedener Länder. Indexfonds sollten daher in der SAA eine wichtige Rolle spielen.
- Minderrenditen, wie in der BHB-Studie beschrieben, sind auf die TAA und aktives Management zurückzuführen. Es ist grundsätzlich möglich, aber schwer über aktives Management Mehrwert in Form eines besseren Sharpe Ratios zu erzielen.

Überträgt man die Erkenntnisse aus den aufgezeigten Studien auf die Praxis, wird schnell ersichtlich, dass nur 10 – 20 % der Erträge überhaupt über die TAA erzielt werden können. Der Spielraum aktiver Manager ist demnach sehr gering. Die wenigen erfolgreichen aktiven Fonds, die den Markt schlagen, zeichnen sich durch ein geeignetes Personal im Portfoliomanagement, einen geringen Portfolioumschlag und außerordentliche Kosteneffizienz aus. In der Regel ist es Großinvestoren vorbehalten, Zugang zu den besten Managern zu sehr geringen Kosten zu erhalten.

Der Portfoliokonstruktionsprozess sollte also bei den Zielen beginnen. Investoren können anschließend die Assetklassen auswählen, die für die Erreichung des Ziels am besten geeignet sind. Der Aufbau eines Portfolios anhand der Prinzipien der Modernen Portfoliotheorie erhöht die Chancen, die Ziele des Vermögensaufbaus zu erreichen. Im kommenden Text beschäftigen wir uns näher mit der zielbasierten Vermögensanlage.

Was ist die zielbasierte Vermögensanlage?

Grundsätzlich fußt eine zielbasierte Vermögensanlage auf einem Plan, nach dem Anleger ihre Investitionsentscheidungen treffen, um langfristige, finanzielle Ziele zu erreichen. Dabei sind folgende Aspekte zu berücksichtigen:

1. **Anlageziel definieren:** Bevor man investiert, sollten die Ziele klar definiert sein. Soll z. B. für den eigenen Ruhestand gespart werden, geht es um den Kauf einer Immobilie oder die Ausbildungsfinanzierung für Familienangehörige? Dieser Schritt ist von zentraler Bedeutung und hat Auswirkungen auf alle anderen Aspekte. Daher ist auch die regelmäßige Überprüfung im Rahmen der SAA so wichtig.
2. **Anlagehorizont beachten:** Je nachdem, wie lange investiert werden soll, können unterschiedliche Anlageklassen in Betracht gezogen werden. Dies liegt am unterschiedlichen Risikoprofil der Anlageklassen. So unterliegen Aktien z. B. kurzfristig einem hohen Risiko, das jedoch mit längerem Anlagehorizont abnimmt. Bei langfristiger Betrachtung fallen kurzfristige Schwankungen nicht mehr ins Gewicht.
3. **Risikobereitschaft berücksichtigen:** Jeder Anleger hat unterschiedliche Risikopräferenzen, Risikowahrnehmung und Risikotragfähigkeit. Im Rahmen einer zielbasierten Vermögensanlage ist der Umgang mit Risiko, vordergründig im Kontext des Anlagehorizontes, eine wesentliche Herausforderung. Wir hatten in Kapitel *Wozu kann ich ETFs verwenden?* bereits auf die Schwierigkeiten verwiesen, die oft beim Umgang mit Risiko entstehen können.
4. **Diversifikation:** Die Bedeutung der Streuung über verschiedene Anlageklassen hinweg wurde bereits an verschiedenen Stellen weiter oben thematisiert. Vor allem bei der SAA steht diese im Vordergrund, da sie helfen kann, bei gewünschtem Zeithorizont und Risikoprofil eine maximale Rendite zu erwirtschaften. Während hingegen bei der TAA zumindest kurzfristig, die Diversifikation außer Acht gelassen wird, um vermeintliche Chancen zu ergreifen, die bei unterschiedlichen Assetklassen wahrgenommen werden.
5. **Berücksichtigung steuerlicher Aspekte:** Ein nicht zu unterschätzender Einfluss auf die zielbasierte Vermögensanlage geht von steuerlichen Optimierungsüberlegungen aus. Diese sind im Rahmen unseres Buches kein zentrales Thema, spielen aber in der Praxis eine wesentliche Rolle, auf die an dieser Stelle explizit hingewiesen werden soll.
6. **Emotionen kontrollieren:** Der letzte Aspekt der zielbasierten Vermögensanlage hört sich recht offensichtlich an. Wir hatten aber bereits in Kapitel *Wozu kann ich ETFs verwenden?* kennengelernt, dass Anlage-

entscheidungen oft von Verzerrungen und Fehleinschätzungen überlagert werden. Vor allem im Rahmen der TAA ist darauf zu achten, dass diese nicht überhandnehmen.

Eine zielbasierte Vermögensanlage ist somit ein komplexes, mehrstufiges Verfahren, das in den optimierten Aufbau eines geeigneten Wertpapierportfolios mündet. ETFs können dabei einen wesentlichen Beitrag leisten, ökonomisch sinnvolle, kostengünstige Strukturen aufzubauen.

Wie wähle ich den richtigen Ansatz für die Portfoliokonstruktion?

Portfolios erfüllen stets individuelle Zielsetzungen. Dabei ist es wichtig, die Anlagebedingungen zu berücksichtigen. Die Konzeption eines Portfolios sollte auf realistischen Rendite- und Risikoerwartungen basieren. Das Portfolio sollte diversifiziert sein, um unnötige Einzelrisiken (idiosynkratisches Risiko) zu vermeiden. Für die meisten Investoren sind kosteneffiziente Indexstrategien ein wichtiger Bestandteil des Portfolioaufbaus. Dies führt zu einer steigenden Nachfrage nach kosteneffizienten und einfachen Anlagelösungen. Es gibt jedoch nicht die beste Strategie, sondern verschiedene Ansätze decken unterschiedliche Anlegerpräferenzen ab.

Im Rahmen einer ganzheitlichen Finanzplanung werden die persönlichen Ziele immer wichtiger. Persönliche Ziele sind sehr individuell und umfassen etwa den Ruhestand, das Studium der Kinder oder Lebenszyklusstrategien. Bei Lebenszyklusstrategien werden die Aktienquoten kontinuierlich an die Laufzeit des Ziels angepasst. Neben den persönlichen Zielen gibt es in der Regel auch finanzielle Ziele, die sich bei Bedarf auch kombinieren lassen: Vermögensaufbau, Risikomanagement oder das Streben nach einem Renditeziel.

Anlegerinnen und Anleger können eine Vielzahl von Präferenzen besitzen, die neben den oben genannten berücksichtigt werden müssen. Folgende Präferenzen lassen sich in der Praxis häufig beobachten, auf die wir später genauer eingehen werden:

- Nachbildung des Marktportfolios auf Basis der Modernen Portfoliotheorie mittels Indexstrategien
- Nachhaltigkeitspräferenzen (ESG)
- Aktives Management

- Faktorinvesting
- Inflationsabsicherung
- Einkommensstrategien

Gibt es einen strukturierten Prozess für den Aufbau globaler Portfolios?

Unabhängig vom Ansatz lassen sich Portfolios anhand folgender Schritte aufbauen und anpassen:

1. **Definition der Anlageziele** gemäß der zielbasierten Vermögensanlage unter Berücksichtigung möglicher Restriktionen. So kommen persönliche Ziele wie Studium oder Ruhestand und finanzielle Ziele wie Vermögensaufbau, Risikobegrenzung oder das Erwirtschaften eines Renditeziels zum Tragen.
2. **Strategische Asset-Allokation** mittels geeigneter Assetklassen aus den öffentlichen Märkten wie Aktien, Anleihen, Bargeld oder nicht-öffentlichen Märkten wie Venture Capital, Private Equity oder Private Debt.
3. Gegebenenfalls das Aufsetzen einer **Sub-Asset-Allokation** innerhalb der SAA wie regional unterschiedliche Aktiengewichtungen.
4. **Allokation über Publikumsfonds** mittels Indexstrategien oder aktiver Fonds (Kombination ebenfalls möglich).
5. **Rebalancing**, um das Risikoprofil zu bewahren.

Eine grundlegende Abweichung der Ursprungsallokation sollte dabei nur auf Grund eines Rebalancings oder bei einer Anpassung der individuellen Ziele stattfinden. Mit einem genauen Plan lassen sich emotionale Fehlentscheidungen vermeiden (siehe Kapitel *Wozu kann ich ETFs verwenden?*).

Aus welchen Assetklassen baue ich ein Portfolio auf?

Eine zielorientierte Anlagestrategie beginnt mit den Zielen und wählt die Assetklassen, die diese bestmöglich erreichen. Realistische Rendite- und Risikoerwartungen werden auch in der Auswahl der Assetklassen berücksichtigt. Es ist wichtig, unnötige Risiken zu minimieren.

Die meisten Anlegerinnen und Anleger investieren in liquide Assetklassen, wie die globalen Aktien- und Anleihemärkte. Mit ETFs lässt sich beides einfach und kostengünstig darstellen. Aktien- und Anleihen sind deshalb so beliebt, da sie ein hohes Maß an Diversifikation und Liquidität im Portfolio ermöglichen. Die Korrelation zwischen beiden Assetklassen ist in den meisten Zeiträumen schwach bis negativ. Je größer der Aktienanteil im Portfolio ist, desto größer ist das Renditepotenzial. Die Beimischung von Anleihen reduziert in der Regel die Schwankungsbreite und damit das Risiko des Portfolios.

Die Beimischung weiterer alternativer Assetklassen wie Rohstoffe oder Private Equity erfolgt aus Gründen, die über den reinen Vermögensaufbau hinausgehen: Viele Investoren erhoffen sich noch höhere Renditen zu erzielen, die Diversifikation durch nicht öffentliche Märkte zu erhöhen oder den Inflationsschutz zu erweitern.

Warum investieren Anleger und Anlegerinnen in Private Equity?

Vanguard zufolge ist der Anteil der Private Equity Investitionen in den vergangenen Jahrzehnten rasant gestiegen, sodass dieser mittlerweile über 10 % des verfügbaren Eigenkapitals ausmacht. Die öffentlichen Aktienmärkte stellen weiterhin den Großteil der Marktkapitalisierung dar. Wenn man die Anzahl der weltweiten Unternehmen betrachtet, so sind etwa 85 % der weltweiten Unternehmen nicht öffentlich zugänglich. Die Eigenschaften öffentlicher und nicht öffentlicher Aktienmärkte sind fast identisch, jedoch kann ein Investment in Private Equity die Diversifikation erhöhen, indem Investoren einen noch breiteren Zugang zu Sektoren und Ländern erhalten, je nachdem wo die Unternehmen der Zielinvestments tätig sind.

Bisher haben nur professionelle Anleger Zugang zu dieser Assetklasse in Deutschland. Investitionen waren daher erst ab einer Höhe von mehreren hunderttausend Euro möglich. Die EU möchte jedoch den Zugang vereinfachen. Zukünftig besteht die Möglichkeit, über Europäische langfristige Investmentfonds (ELTIF 2.0) Kapital in Unternehmen oder Projekte zu investieren, die langfristig benötigt werden, jedoch nicht an Wertpapierbörsen gehandelt werden. Bei einer empfohlenen Beimischung im Portfolio von 10 bis 20 % ist weiterhin ein höheres sechsstelliges Kapitalvermögen erforderlich, obwohl Investments seit Kurzem ab mehreren zehntausend Euro möglich sind. Privatanleger werden wohl trotz einem einfacheren Zugang wenig Möglichkeiten haben über die besten Manager in geeignete Firmen oder Fonds zu investieren. In der Regel erhalten nur institutionelle Anleger überhaupt Zugang zu den besten Fonds zu fairen Preisen. Anlegerinnen und Anleger sollten sich daher vor einem Investment genau überlegen, ob nach Abzug aller Kosten wirklich bessere risikobereinigte Renditen möglich sind als bei einem Investment in die öffentlichen Aktienmärkte.

Durch die Einbindung von Private Equity lässt sich ein höheres Sharpe Ratio erzielen – das belegen immer wieder verschiedene Studien. Die Wissenschaft ist sich uneinig in Bezug auf die Korrelation zu Aktien; sie schwankt zwischen gering (0.5) bis hoch (1) – je nach Datenbasis. Da Private Equity (PE) Firmen ihr eingesetztes Kapital mit Fremdkapital aufstocken, profitieren Anlegerinnen und Anleger indirekt vom sogenannten „Leverage-Effekt“. Der Leverage-Effekt beziehungsweise Hebeleffekt beschreibt eine Situation in der Wirtschaft, bei der sich die Eigenkapitalrentabilität durch die Aufnahme und das Reinvestieren von Fremdkapital erhöht. Die Eigenkapitalrentabilität kann durch den Leverage-Effekt nur dann erhöht werden, wenn die Gesamtkapitalrendite größer als die Fremdkapitalzinsen ist. Einige Untersuchungen kommen zu dem Entschluss, dass sich abzüglich des Fremdkapitalhebels, aufgrund der zunehmenden Investitionen in PE über die letzten Jahre keine höheren Renditen als bei den öffentlichen Aktienmärkten erzielen lassen.

Der Anlagehorizont für PE ist in der Regel sehr lang (über 10 Jahre), denn das Kapital muss für mehrere Jahre zugesagt werden – auch wenn es nicht direkt benötigt wird. Die Reportings bieten aufgrund der Illiquidität der Vermögenswerte erst verzögert Einsicht in die Wertentwicklung. Die Opportunitätskosten für bisher nicht eingezogenes Kapital müssen berücksichtigt werden. Da die Kosten deutlich höher liegen als bei einem Investment in breit gestreute ETFs, sollten Chancen und Risiken gegeneinander abgewogen werden. Es gibt auch ETFs, die auf Private Equity Indizes setzen. Allerdings beteiligt man sich hier an der Wertentwicklung einzelner PE-Firmen. Es ist daher nicht zu verwechseln mit einem Direktinvestment, obwohl die Korrelation zum Private Equity Markt hoch ist.

Die Bedeutung von PE wird sich aufgrund der Regulierung weiter verstärken. Die Option, mit dieser alternativen Assetklasse höhere, risikobereinigte Renditen zu erwirtschaften, kann einen positiven Beitrag zur Zielerreichung leisten. PE-Firmen können für ihr Investment Fremdkapital aufnehmen, was für Anlegerinnen und Anleger direkt nicht möglich ist (siehe Hebeleffekt).

Welchen Einfluss haben Rohstoffe auf das Portfolio?

Viele Anlegerinnen und Anleger mischen in ihr Multi-Asset-Portfolio Rohstoffe bei. Es ist zu beobachten, dass Investoren diese Assetklasse entweder völlig ignorieren oder mit voller Absicht einsetzen. Es herrscht eine große Unstimmigkeit. Wie kann diese Assetklasse im Portfoliokontext genutzt werden?

Zunächst können Anlegerinnen und Anleger mit wenigen Ausnahmen wie physisches Gold nicht direkt in Rohstoffe investieren. So basiert ein Investment in Öl oder Silber auf synthetischen Derivaten. Angebot und Nachfrage bestimmen den Preis. Für die Bewertung werden keine zukünftigen Zahlungsströme berücksichtigt. Die Rendite setzt sich aus der Kursentwicklung (Spotpreis), der Roll- und Collateralrendite zusammen. Die Rollrendite ist der Gewinn oder Verlust, der sich aus der Verlängerung eines Terminkontrakts von einem Monat auf den nächsten ergibt. Die Collateralrendite ist die Verzinsung auf die hinterlegten Sicherheiten.

Die letzten Jahrzehnte haben gezeigt, dass sich ein Investment in Rohstoffe vorwiegend im hochinflationären Umfeld lohnt. Dies ist insbesondere in Zeiten mit hoher unerwarteter Inflation von Bedeutung. In den meisten Zeiträumen hatten Rohstoffe eine geringe Korrelation zu globalen Aktien- und Anleihemärkten. Anlegerinnen und Anleger sollten sich auf ein hohes Maß an Volatilität einstellen.

Rohstoffe können zur Diversifikation des Portfolios beitragen. Sie bieten eine angemessene, zusätzliche Inflationsabsicherung – primär beim Auftreten unerwarteter Inflation. Investoren benötigen daher detaillierte Analysemöglichkeiten sowie ein Modell zur Bestimmung der optimalen Asset-Allokation unter Berücksichtigung alternativer Anlageklassen.

Welche Rolle spielen Themen-ETFs in der Portfoliokonstruktion?

In den vergangenen Jahren sind Themen-ETFs bei Endanlegern und Endanlegerinnen zunehmend beliebter geworden. Diese ETFs sind auf bestimmte Sektoren ausgerichtet, wie autonomes Fahren, Künstliche Intelligenz oder erneuerbare Energien. Es gibt keine Grenzen bei der Fantasie.

Diese Produkte erzählen eine schöne Geschichte. Daher sind sie besonders gut verständlich. Aufgrund der Tatsache, dass diese ETFs nur einen Teil des Marktes abdecken, sollten Anleger und Anlegerinnen die Gewichtung innerhalb des Portfolios beachten. Das Analysehaus Morningstar weist darauf hin, dass Anlegerinnen und Anleger aufgrund ihrer emotionalen Bindung zu diesen ETFs signifikant häufiger handeln als bei klassischen nicht-thematischen ETFs. In der Studie werden bis zu zwei Drittel der möglichen Renditen durch falsche Kauf- oder Verkaufsentscheidungen, also erfolglose Markt-Timings, verloren.

Die Langzeitbeobachtung von Morningstar zeigt, dass über einen Zeitraum von 15 Jahren bis Ende 2021 80 % der ursprünglichen Themen-ETFs nicht mehr verfügbar waren. Mit zunehmendem Alter eines Fonds steigt die Wahrscheinlichkeit, dass er aufgrund von Erfolglosigkeit geschlossen wird, während bei überlebenden Fonds die Wahrscheinlichkeit sinkt, dass sie eine bessere Performance erzielen als der Gesamtmarkt.

Aus den oben genannten Gründen sollten Themenfonds nur einen kleinen Teil des Portfolios ausmachen. Da sich Themen und Trends kontinuierlich ändern, stellt sich die Frage, mit welcher Wahrscheinlichkeit Anleger diese vorhersagen können.

Die Anzahl der ETFs, die sich nicht an die ursprüngliche Idee eines breit gestreuten Indexfonds halten, ist inzwischen sehr hoch. Es ist zu hoffen, dass der Begriff ETF als kosteneffizientes passives Vehikel nicht durch aktive Ableger verwässert wird.

Welche Portfoliokonstruktionsansätze haben sich in der Praxis bewährt?

Portfolios sollten anhand der Ziele und der für die Zielerreichung geeigneten Strategischen Asset-Allokation aufgebaut werden. Erst im Anschluss sollten sich Anleger und Anlegerinnen mit der Sub-Asset-Allokation und Portfoliokonstruktion befassen. In diesem Kapitel stellen wir drei verschiedene Portfoliokonstruktionsansätze vor, mit unterschiedlichen Zielen:

- Vermögensaufbau
- Risikomanagement
- Renditeziel

Wie können Anleger und Anlegerinnen Portfolios für den Vermögensaufbau konstruieren?

Die meisten Endanlegerinnen und Endanleger nutzen die Geldanlage, um Vermögen aufzubauen. Vermögensaufbau bedeutet, eine maximale Rendite und Vermögenszuwachs über einen langen Zeitraum zu erwirtschaften, natürlich stets innerhalb der individuellen Risikogrenzen des Anlegers. Dieses Ziel ist auch sinnvoll, wenn man noch keine konkreten Ziele hat. Die Grundannahme beim Vermögensaufbau ist, dass sich die Rendite- und Risikoparameter nicht im Zeitablauf ändern.

Als Ausgangspunkt hat sich ein Portfolioaufbau nach der **Marktkapitalisierung** bewährt. Portfolios, die nach der Marktkapitalisierung aufgebaut sind, bieten einen kosteneffizienten Zugang zur Marktrendite. Es gibt keine Mehrrendite zum Gesamtmarkt, jedoch auch keine Minderrendite. In der Wissenschaft gibt es interessante Debatten zum Aufbau von Portfolios über Indexstrategien. Die Quellen von Renditen deuten darauf hin, dass der Marktfaktor, gemessen an der Marktkapitalisierung, der Haupttreiber für ein passives Portfolio ist.

Einige Anlegerinnen und Anleger konstruieren Portfolios für den Vermögensaufbau, indem sie **Faktorprämien** berücksichtigen. Die Abgrenzung zur Marktkapitalisierung ist einfach: Das Marktportfolio umfasst alle möglichen Faktoren. Untersucht man dieses Portfolio anhand einer geeigneten Regressionsanalyse, wie dem Fama-French Dreifaktorenmodell, ist alleinig der Markt Haupttreiber für die Wertentwicklung eines Portfolios. Bei Faktorportfolios ist die Situation anders. Bei Faktorportfolios sind neben dem Faktor Markt primär die Faktoren entscheidend für die Wertentwicklung. Faktorportfolios zeichnen sich idealerweise durch eine hohe statistische Faktorsignifikanz aus. Bei einer hohen Faktorsignifikanz im Portfolio, ist die Wertentwicklung nicht auf Zufall, sondern auf Faktoren zurückzuführen.

Faktorprämien lohnen sich allerdings nur über einen längeren Zeitraum. Die wissenschaftliche Datenbasis von Faktorprämien besteht aus einer Vielzahl von empirischen Studien, Zeitreihenanalysen und Portfolio-Rückrechnungen, die zeigen, dass bestimmte systematische Faktoren über längere Zeiträume und in unterschiedlichen Märkten risikoadjustierte Mehrrenditen geliefert haben. Diese Prämien werden als „Faktorprämien" bezeichnet. Die Erkenntnisse sind sowohl akademisch fundiert als auch praxisrelevant. Die Konstruktion erfolgt auf der Basis von regelbasierten Modellen. Faktorportfolios zeichnen sich durch ein Über- oder Untergewicht innerhalb der

Sub-Asset-Allokation aus. Anlegerinnen und Anleger traditioneller Faktorportfolios versprechen sich durch eine Übergewichtung von „Value-Aktien“ (unterbewertete Unternehmen), "Small-Cap-Aktien“ (Risikoprämie kleinerer Unternehmen) oder Unternehmensanleihen (Prämie zu risikoarmen Anleihen wie Staatsanleihen mit hoher Bonität) langfristige Mehrerträge im Vergleich zum Gesamtmarkt. Es ist auch möglich, Faktorstrategien über Indizes darzustellen. Um eine möglichst hohe Faktorreinheit zu erreichen, lohnt es sich, über aktives Management an Faktorinvesting heranzugehen. Investoren sollten sich stets über die zusätzlichen Risiken in Form von Volatilität oder mitunter länger andauernde Underperformance im Klaren sein.

Anlegerinnen und Anleger, die **aktives Management** entweder als Beimischung zu Indexstrategien (**Aktiv-/Passiv Portfolio**) oder ausschließlich nutzen, müssen selbst oder durch einen geeigneten Berater in der Lage sein, die passenden Manager zu identifizieren. Aktive Portfolios ermöglichen eine zusätzliche aktive Rendite unter Berücksichtigung der strategischen Asset-Allokation. Eine aktive Rendite lässt sich nicht durch den Faktor Markt oder andere Faktorprämien erklären. Zur Erinnerung: Wahres „Alpha“ kann nur durch eine geeignete Wertpapierauswahl oder Markt-Timing erzielt werden. Wir haben in Kapitel *Weshalb gibt es aktive und passive Fonds?* die Erfolgswahrscheinlichkeiten von aktivem Management bereits ausreichend beleuchtet. Hierzu zählen ebenfalls Strategien in „Private Markets“, beispielsweise in Form von Private Equity, Private Debt, Direktanlagen in Immobilien oder Venture Capital. Im Gegensatz zu den öffentlichen Märkten (Wertpapiere werden an Börsen oder außerbörslichen Handelsplätzen gehandelt) bieten sie keinen täglichen Zugriff auf das eingesetzte Kapital. Bei „Private Markets“ besteht eine Illiquiditätsprämie, die bei der Portfoliokonstruktion berücksichtigt werden muss.

Es gibt immer mehr Anlegerinnen und Anleger, die **Nachhaltigkeitspräferenzen (ESG)** in ihre Portfoliokonstruktion integrieren. Dieses Portfolio ist streng genommen ein aktives Portfolio. Unabhängig von der Implementierung besteht ein Tracking-Error auf den Gesamtmarkt. Aus wissenschaftlicher Sicht ergibt sich ein suboptimales Portfolio, da weniger Wertpapiere gehalten werden als der Gesamtmarkt. Neben klassischen aktiven ESG-Fonds gibt es zahlreiche ESG-ETFs am Markt. ESG-Portfolios können derzeit durch die folgenden Ansätze (siehe auch Kapitel *Welche neuen Entwicklungen gibt es?*) aufgebaut werden, die in der Praxis teilweise auch miteinander kombiniert werden:

- **Positives Screening**: Hierbei werden Wertpapiere ausgewählt, die bestimmte Kriterien erfüllen. Die Gewichtung kann anhand dieser Kriterien angepasst werden.
- **Negatives Screening**: Ausschluss von Wertpapieren, die gewisse Kriterien nicht erfüllen (z. B. Tabakunternehmen oder die Rüstungsindustrie).
- **Impactstrategien**: Investments, bei denen neben dem finanziellen Ertrag ein positiver ESG-Effekt erwartet wird.

Anders als bei klassischen aktiven Strategien können ESG-Strategien gezielt ausgewählt werden, ohne dass ein positiver Mehrertrag erwartet wird. Anleger und Anlegerinnen sollten daher die Renditeabweichungen mit den nicht pekuniären ESG-Präferenzen abgleichen. Ferner lohnt sich ein Blick auf die Investment Stewardship Programme der Fondsgesellschaften.

Neben den langfristigen und statischen Portfoliokonstruktionsansätzen gibt es auch **dynamische Asset-Allokationsmodelle** innerhalb des Vermögensaufbaus. Während der Dauer des Vermögensaufbaus verändern sich die Assetklassengewichtungen durch aktuelle Bewertungsverschiebungen auf Assetklassenebene oder innerhalb der Assetklassen. Viele Investoren bewerten bestimmte Assetklassen anhand von quantitativen Modellen, die Märkte oder Regionen anhand der Historie als über- oder unterbewertet einstufen. Es entsteht ein gewolltes aktives Risiko mit der Hoffnung, eine Outperformance zu generieren. Diese Einschätzungen ermöglichen eine dynamische Portfolioausrichtung. Auch hier sollten Anlegerinnen und Anleger den Aufwand und Ertrag miteinander abgleichen.

Welche Risiken lassen sich im Portfolio begrenzen?

Das **Risikomanagement** ist ein weiteres finanzielles Ziel, bei dem Investoren bestimmte Risiken so gut wie möglich begrenzen möchten. Dabei ist die Risikobegrenzung deutlich wichtiger als der Vermögenszuwachs. Weiter vorne im Buch haben wir bereits die Moderne Portfoliotheorie vorgestellt, bei der Portfolios auf dem "effizienten Rand" konstruiert werden sollten, um kein unbezahltes Risiko einzugehen und das Hauptrisiko auf das Marktrisiko zu begrenzen.

Ein langfristiges Investment in Assetklassen wie Aktien bietet den besten **Inflationsschutz**. Es gibt einige Anlegerinnen und Anleger, die sich dafür interessieren, den realen Kaufkraftverlust durch bestimmte Anlagestrategien zusätzlich abzusichern. Instrumente, die dies ermöglichen, sind unter anderem inflationsgeschützte Anleihen, Rohstoffinvestments oder inflationssensitive Aktien. Häufig besteht bei einer außerordentlichen Beimischung dieser Sub-Assetklassen nur während der Phasen mit hoher Inflation ausreichender Schutz (siehe vorherige Frage zu Rohstoffen in diesem Kapitel). Es ist daher nicht mit einer langfristigen Outperformance gegenüber einem traditionellen, nach der Marktkapitalisierung gewichteten Portfolio zu rechnen.

Das **Zinsänderungsrisiko** richtet sich vordergründig an defensiv orientierte Anlegerinnen und Anleger, bei denen der Anleiheanteil hoch ist. Eine Änderung der Zinsen hat einen direkten Einfluss auf die Wertentwicklung von Anleihen. Das Zinsänderungsrisiko lässt sich neben der Untergewichtung von zinssensitiven Aktien (beispielsweise „Growthaktien" von Wachstumsunternehmen, die den Gegenpol zu „Valueaktien" darstellen) primär anhand der Duration eines Portfolios bestimmen. Die Duration misst in Jahren, bis Anleger ihr in eine Anleihe investiertes Kapital vollständig wiedererhalten haben. Im Unterschied zur Duration, die die durchschnittliche Bindungsdauer des Kapitals in einem festverzinslichen Wertpapier in Jahren angibt, setzt die Modifizierte Duration (Modified Duration) diese ins Verhältnis zum Zins. Wenn die modifizierte Duration eines Anleihenportfolios 7 Jahre beträgt, wird jeder Prozentpunkt Zinsanpassung den Wert der Anleihen um ganze 7 % verändern. Es besteht ein inverser Zusammenhang. Fallen die Zinsen um 1 %, so steigt der Wert der Anleihen um etwa 7 %. Umgekehrt fallen Anleihen um etwa 7 % bei einem Zinsanstieg von 1 %. Das Risiko kann durch eine niedrige Duration des Portfolios reduziert werden. Bei einer normalen Zinskurve haben Anlegerinnen und Anleger mehr Ertragsmöglichkeiten bei längerfristigen Anleihen als bei kurzlaufenden Anleihen. Die normale Zinsstrukturkurve beschreibt Zinssätze, die bei steigender Laufzeit einer Anlage zunehmen. Das Laufzeitrisiko wird am Kapitalmarkt mit höherer Rendite vergütet. Als Faustregel hat sich in der Praxis folgende Regel bewährt: Die Duration eines Anleihenportfolios sollte stets mindestens dem Anlagehorizont entsprechen.

Das letzte Ziel innerhalb von Risikomanagementansätzen ist die **Volatilitätsbegrenzung** des Portfolios. Hierbei möchten Anleger ein gewisses Maß an Volatilität vermeiden. Dies bedeutet, dass in Zeiten hoher Volatilität das Portfolio in volatilitätsarme Assetklassen umgeschichtet wird und in Zeiten niedriger Volatilität riskantere Anlageklassen berücksichtigt werden können. Im Gegensatz zu dynamischen Portfolios beim Vermögensaufbau bleibt es das oberste Ziel, das Risiko zu begrenzen.

Wie können Anleger und Anlegerinnen ihr Portfolio auf ein Renditeziel abstimmen?

Das dritte finanzielle Ziel, das wir in diesem Buch vorstellen, kann für Anlegerinnen und Anleger darin bestehen, ein gewisses **Renditeziel** zu erreichen. Diese Portfoliokonstruktionsweise wird vor allem in der Ruhestandsplanung oder bei institutionellen Anlegern wie Stiftungen oder Versicherungen eingesetzt. In diesem Buch werden wir zwischen

- Total-Return-Strategien und
- Einkommensstrategien

unterscheiden.

Es gibt keine einheitlichen Definitionen für **Total-Return-Strategien**. In der Praxis versteht man eine benchmarkunabängige Strategie, bei der eine Mindestrendite erwirtschaftet werden soll. Um die Mindestrendite zu erzielen, können die Assetklassen flexibel an die Marktbedingungen angepasst werden. Meist liegt die Mindestrendite wenige Prozentpunkte über dem Geldmarktzins. In Niedrigzinsphasen wird ein Investment in risikoreichere Assetklassen getätigt, um die Zielrendite zu erwirtschaften. Daher sollten sich Anleger mit dem Ansatz genau befassen, denn eine mögliche Underperformance zum Gesamtmarkt kann über längere Zeiträume das Festhalten an der Strategie erschweren.

Einkommensstrategien basieren überwiegend auf regelmäßigen Portfolioerträgen, um fortlaufende Ausgaben aufseiten der Anleger zu decken. Viele Anleger denken nur an die Ausschüttungsrendite eines Portfolios, ohne die Gesamtrendite des Portfolios zu berücksichtigen. In der Praxis kann beides über Teilverkäufe kombiniert werden. Die Bedeutung der Verhaltensökonomie in der Portfoliokonstruktion ist auch hier deutlich zu erkennen. Mentale Buchführung verursacht oft eine kurzsichtige Betrachtungsweise (siehe dazu auch Kapitel *Wozu kann ich ETFs verwenden?*). Moderne Portfoliokonstruktionen sollten sowohl die Ausschüttungsrendite als auch die Gesamtrendite berücksichtigen. Dies erhöht die Portfolioeffizienz und die Haltedauer des Portfolios.

Im Rahmen der Portfoliokonstruktion haben wir drei verschiedene Ansätze vorgestellt. Es gibt nicht den einen richtigen Ansatz, sondern verschiedene Möglichkeiten. Ein Großteil der Investoren strebt primär danach, die Aktien- und Zinsrisikoprämie zu erzielen – und zwar möglichst günstig.

Ein globales, nach der Marktkapitalisierung gewichtetes Portfolio ist daher für die allermeisten Anleger ausreichend. ETFs und Indexfonds ermöglichen eine einfache Umsetzung.

Wie können Anleger und Anlegerinnen alternative Gewichtungsansätze innerhalb eines ETF-Portfolios umsetzen?

Die Antwort auf diese Frage ist stark vom vorherigen Abschnitt abhängig. Ausgehend von den Zielen und der SAA können sich Anlegerinnen und Anleger mit der Sub-Asset-Allokation befassen. Diese bestimmt die exakten Gewichtungen innerhalb der Assetklassen. Vorab sei noch einmal auf das Asset-Allokation Puzzle hingewiesen, das besagt, dass viele Anlegerinnen und Anleger in der Praxis von den Erkenntnissen der Modernen Portfoliotheorie abweichen.

Sobald Investoren von einem Marktportfolio abweichen, kann es schnell kompliziert werden. Es gibt sowohl einfache Alternativen wie die Gewichtung nach dem BIP einzelner Länder als auch komplexe Faktorportfolios. Eine bestimmte Gewichtung kann daher nicht immer für alle geeignet sein. Anhand von Faktorportfolios, die auch über ETFs aufgebaut werden können, lässt sich dies verdeutlichen.

Faktorportfolios sind in der Lage, langfristig höhere Renditen als der Markt zu erzielen. Die Wissenschaft untersucht die Renditeeigenschaften von Faktoren regelmäßig. Viele bekannte und in der Wissenschaft intensiv diskutierte Faktoren wie Small-Cap, Value, Momentum oder Quality haben es über lange Zeiträume immer wieder geschafft, den Markt zu schlagen. Trotz der gestiegenen Anzahl an Faktorinvestoren scheint die Faktorüberrendite weiterhin zu bestehen (siehe Ilmanen et al.). Es wird intensiv diskutiert, ob die höhere Rendite nicht auch über ein höheres Risiko erworben wird. Es gibt eine Vielzahl von Literatur, die Faktoren bestimmen oder erweitern. Daher ist es wichtig, sich die Implikationen für die Asset-Allokation anzuschauen.

Faktoren lassen sich in der Praxis über bewährte Gewichtungsmöglichkeiten integrieren:

- **Marktkapitalisierung**: Aktien werden zwar anhand der Faktorsignifikanz ausgewählt – gewichtet wird danach trotzdem anhand der Marktkapitalisierung.

- **Faktorreinheit**: Aktien werden ebenfalls anhand der Faktorsignifikanz ausgewählt. Sie werden jedoch nur anhand der Faktorreinheit gewichtet – unabhängig von der Marktkapitalisierung. Dies führt in der Regel zu einer Übergewichtung in Small-Cap Aktien.
- **Hybrid**: Methodik, die beide Ansätze kombiniert.

Faktorinvesting ist ähnlich wie das Beimischen von klassischen, aktiven Fonds nicht für alle Investoren geeignet. Investoren sollten sich genau mit den Chancen und Risiken auseinandersetzen. Passt die Strategie überhaupt zum Anlageziel? Habe ich Möglichkeiten, das Alphapotential zu quantifizieren? Welche zusätzlichen Kosten entstehen für ein Investment nach Abzug aller Management- und Transaktionskosten? Faktorinvestoren müssen ein hohes Maß an Risikotoleranz aufweisen. Ein sehr langer Anlagehorizont ist von Bedeutung, da es immer wieder Phasen mit hohem Tracking Error zur Marktbenchmark gibt.

Neben dem Risiko ist die Investmentexpertise am Ende entscheidend. Faktoren oder Aktiv-/Passivportfolios sollten auf Portfolioebene gesteuert werden. Ohne professionelle Hilfe wie Portfoliomanagementsysteme oder geeignete Anlageberater ist dies für Endanlegerinnen und Endanleger aufgrund der Schnelllebigkeit der Wertpapiermärkte nur ineffizient darstellbar.

Die Diskussion über alternative Gewichtungsmethoden in ETF-Portfolios ist dynamisch. Es ist denkbar, dass Faktorinvesting weiter an Bedeutung gewinnt und als Basis für das Portfoliomanagement dient. Auch aktive ETFs sind eine spannende Innovation. Es bleibt stets die Abwägung zwischen Risiko, Aufwand und Ertrag mit den Zielen.

Welche Rolle spielt das Risiko des Portfolios?

Das Wort Risiko hat unterschiedliche Konnotationen, je nach Blickwinkel. Die persönliche Risikowahrnehmung ist von Mensch zu Mensch sehr unterschiedlich. Das Wort „Risiko“ weckt im Zweifel eher negative Erwartungen. Es gibt eine Vielzahl von statistischen Kennzahlen, die das Risiko bestimmen. Die Berechnung erfolgt auf Basis der Daten der Vergangenheit. Im besten Fall wird das Portfolio so diversifiziert, dass nur das reine Marktrisiko bleibt.

Die Entscheidungen in der Asset-Allokation sind maßgeblich für das Risiko eines Portfolios. Laut Markowitz ergibt sich für effiziente Portfolios die Höhe der möglichen Rendite nach dem Risiko und umgekehrt. Häufige

Risikokennzahlen sind die Standardabweichung, der Maximum Drawdown oder das Illiquiditätsrisiko. In der Praxis gilt es, das Risiko adäquat zu bemessen, um die eigene Risikotoleranz abzuschätzen. Studien belegen, dass dies ein wesentlicher Faktor ist, um langfristig erfolgreich zu sein.

Ein häufig unterschätztes Risiko ist das Unterdeckungsrisiko. Es misst, wie wahrscheinlich es ist, die langfristigen Ziele nicht zu erreichen. In der Praxis wird die Risikowahrnehmung oft kurzfristig betrachtet. Es ist jedoch auch wichtig, die langfristigen und wesentlichen Risiken zu erfassen. Die kurzfristigen Risiken werden oft überschätzt. Falls beispielsweise aufgrund geringer Realrenditen die langfristigen Ziele in weite Ferne rücken, können auch Lösungen abseits des Portfolios eingesetzt werden. So ist es unter anderem möglich, das Spar- und Ausgabenverhalten zu verändern, und zwar unabhängig von der Anpassung des Risikoprofils.

Wie oft sollten Anleger und Anlegerinnen ihr Portfolio überprüfen?

Das Risikoprofil und die Ziele der Investoren sollten stets in Einklang mit dem Portfolio stehen. Daher ist das sogenannte **Rebalancing**, also die Neugewichtung innerhalb des Portfolios, unumgänglich. Wenn das Portfolio nicht neu gewichtet wird, kann es zu Abweichungen von der ursprünglichen Allokation kommen. Das Rebalancing ist auch verhaltensökonomisch relevant. Es hilft, die Anlagestrategie diszipliniert zu verfolgen und Emotionen in der Geldanlage zu minimieren. Wie oft und mit welchen Herangehensweisen hat sich das Rebalancing in der Praxis bewährt? Schließlich fallen auch Steuern und Transaktionskosten an.

Es gibt zwei bewährte Ansätze für ein **Rebalancing**, die auch kombiniert werden können:

- **Kalenderbasiert:** Hierbei legt man im Vorfeld Stichtage fest, zu denen das Portfolio neu gewichtet wird. Zeitspannen reichen von monatlich bis jährlich. Je häufiger man reallokiert, desto geringer ist der Tracking Error, aber desto höher sind die Transaktionskosten.
- **Grenzwertbasiert:** Die Neugewichtung erfolgt anhand fester Schwellenwerte. Sobald die Toleranzgrenze, beispielsweise eine 5%ige Abweichung, erreicht ist, erfolgt ein Rebalancing. Die Methode ist für Privatanlegerinnen und Privatanleger unüblich, da sie eine regelmäßige Analyse des Portfolios erfordert.

- **Kombination:** Beide Ansätze lassen sich auch miteinander kombinieren, indem man ein bestimmtes Datum für die Überprüfung festlegt. Allerdings wird nur neu gewichtet, wenn der Grenzwert unter- oder überschritten wird.

Es ist ratsam, sich auch über die aktuelle Marktlage zu informieren. Bei volatilen Märkten kann es leicht zu einem Ungleichgewicht kommen. Wenn man zu oft handelt, können hohe Transaktionskosten entstehen.

Die Wissenschaft ist sich uneinig, welche Methode die beste ist. Viele Studien gehen allerdings davon aus, dass ein gesunder Mittelweg eine sinnvolle Methode darstellt. Investoren sollten daher nicht zu häufig, wie monatlich oder quartalsweise, aber auch nicht zu selten, wie alle zwei Jahre, eine Neugewichtung durchführen. Für viele Anlegerinnen und Anleger ist ein einziges Mal im Jahr ausreichend. Es ist sinnvoll, anfallende Kosten und Steuern in die Überlegungen einzubeziehen.

Literaturtipp | Wer sich mehr über Rebalancing einlesen möchte findet im Literaturverzeichnis zahlreiche Quellen.

Wie und wann finde ich den richtigen Einstieg?

ETFs – effizient, transparent und flexibel, ermöglichen einen direkten Einstieg, unabhängig vom Alter oder Vermögen. Für viele Anlegerinnen und Anleger ist die Geldanlage auch eine emotionale Angelegenheit. Irrationale Verhaltensmuster erschweren den Einstieg.

Insbesondere scheint die Reueaversion eine Rolle zu spielen – „bloß keinen Fehler machen“. In der Ansparphase haben sich ETF-Sparpläne oder gestückelte größere Einmalanlagen als Lösungsansatz bewährt. Sie überwinden die emotionale Hürde, vereinfachen die Entscheidungsfindung und erleichtern den Einstieg. Hierbei profitieren viele Anleger auch vom sogenannten **Cost-Average-Effekt**. Der Cost-Average-Effekt (Durchschnittskosteneffekt) tritt ein, wenn durch den regelmäßigen Kauf von Wertpapieren über einen gewissen Zeitraum, z. B. über einen ETF-Sparplan, ein durchschnittlicher geringerer Einstiegskurs erzielt wird. Ebenso spielt der Umgang mit Wahrscheinlichkeiten eine Rolle. Extremszenarien und Risiken werden oft überschätzt.

Mittlerweile ist es in Deutschland möglich, bereits ab dem ersten Euro zu investieren. Der Handel von Wertpapieren in Bruchstücken und ETF-Sparplänen hat alle Hürden beseitigt. Die Kombination unterschiedlicher Ziele ist einfach. Mentale Buchführung ermöglicht es, diszipliniert an unterschiedlichen Zielen festzuhalten. Andernfalls besteht die Gefahr, Fonds nur aufgrund der guten historischen Wertentwicklung zu kaufen oder auf den richtigen Einstieg zu warten.

Lohnt es sich, einen ETF-Sparplan abzuschließen?

ETF-Sparpläne ermöglichen es, regelmäßig einen festen Betrag anzulegen. Sie sind in der breiten Bevölkerung, vordergründig den Selbstentscheidern, angekommen. Laut einer Studie von Oliver Wyman haben ETF-Sparpläne 2023 bereits gut ein Drittel aller Wertpapiertransaktionen innerhalb des deutschen Brokermarktes ausgemacht. In den kommenden Jahren soll der Anteil sogar auf bis zu 50 % steigen. Studien zeigen, dass es bereits über acht Millionen ETF-Sparpläne gibt. Die Mehrzahl der Anleger besitzt eine Vielzahl von ETF-Sparplänen.

Der langfristige Anlageerfolg hängt von zwei Komponenten ab: Sparvermögen und Rendite auf das eingesetzte Kapital. Viele Anlegerinnen und Anleger legen häufig zu viel Wert auf Performance und Rendite. Wenn man sich den Beitrag zum langfristigen Vermögensaufbau ansieht, stellt man fest, dass das angelegte Kapital und regelmäßiges Sparen noch viel wichtiger sind. Die Verantwortung für das Sparen liegt schließlich bei jedem selbst. Zukünftige Renditen sind jedoch nicht beeinflussbar.

Bei langen Zeithorizonten wird der Zinseszinseffekt über die erzielten Renditen richtig zum Tragen kommen. Bei kurz- und mittelfristigen Zeiträumen unter 10 Jahren ist der Hauptteil des Vermögensaufbaus im Sparvermögen zu finden. ETF-Sparpläne können daher eine sinnvolle Lösung darstellen. Sie ermöglichen es, fokussiert an den Zielen zu arbeiten und die Emotionen zumindest teilweise aus der Geldanlage zu entfernen.

Wie viele ETFs benötigen Anleger und Anlegerinnen für den Aufbau eines Portfolios?

Technologie erlaubt es heutzutage, ein Portfolio aus mehr als 20.000 Wertpapieren in einem ETF abzubilden. Anlegerinnen und Anleger können sogar nach ihrem Risikoprofil mit Multi-Asset-ETFs verschiedene Assetklassen in einem einzigen ETF abdecken. Auch innerhalb der Assetklassen reicht ein ETF aus, um den gesamten globalen Aktien- oder Anleihenmarkt abzubilden. Solange Investoren den reinen Markt passiv und gewichtet nach der Marktkapitalisierung abbilden möchten, sind ein bis zwei ETFs ausreichend. Es ist von Bedeutung, den gesamten Markt abzudecken und nicht nur einzelne Bereiche. Viele der beliebtesten ETFs bilden den MSCI World Index ab. Dieser deckt jedoch nur die Industrieländer ab, dabei lohnt es sich auch in Schwellenländer zu investieren.

Sobald Anlegerinnen und Anleger jedoch andere Ziele verfolgen, wie eine alternative Gewichtungsweise, Faktoren oder aktive ETFs beimischen möchten, steigt die Anzahl der dafür notwendigen ETFs automatisch an. Je mehr ETFs dem Portfolio hinzugefügt werden, desto komplexer wird es. Dadurch können auch Ineffizienzen entstehen: Beispielsweise, wenn die verschiedenen ETFs dieselben Wertpapiere enthalten. Der Aufwand, ein Portfolio aus mehreren ETFs zu halten, ist höher und das regelmäßige Rebalancing komplexer. Es entstehen automatisch Transaktionskosten sowie steuerliche Effekte bei jedem (Teil-)Verkauf. Modellportfolios erlauben eine Kostenreduzierung, da der Aufbau eines Portfolios über regionale ETFs in der Regel günstiger ist als über globale ETFs.

Es lohnt sich, bei der Wahl der ETFs langfristig zu denken. Die Qualität und nicht die Quantität der ETFs sind ausschlaggebend für den langfristigen Anlageerfolg. Der Vermögensaufbau wird durch weniger Komplexität erleichtert. Investoren sollten auf ETF-Anbieter setzen, die über langjährige Erfahrung verfügen, um Fondsschließungen oder Verschmelzungen zu vermeiden. Bei hohen Produktkosten droht ein negativer Zinseszinseffekt. Die richtige Anzahl an ETFs hängt von den Anlagezielen, der Risikotragfähigkeit und der gewählten Anlagestrategie ab. Heutzutage ist es für Anlegerinnen und Anleger möglich, ein sinnvolles und effizientes Portfolio aus nur einem ETF zu erstellen.

Können Anleger und Anlegerinnen ein wirklich passives Portfolio bauen?

In der Literatur wird über dieses Thema viel diskutiert. Theoretisch ist die Frage klar mit „ja“ zu beantworten, doch in der Praxis sind die meisten Investoren stets auf indirekte Finanzprodukte angewiesen. In manchen

Assetklassen gibt es keinen effektiven Zugang für alle. In liquiden Bereichen wird ein passives Portfolio nach der Marktkapitalisierung gewichtet. Investoren benötigen dafür einen ETF für jede Assetklasse.

Der ETF sollte die Aktien- und Anleihenmärkte so breit diversifiziert wie möglich abbilden und ein automatisches Rebalancing vornehmen. Je granularer Anlegerinnen und Anleger vorgehen, desto aktiver kann die Gewichtung ausfallen und desto mehr bewegt man sich weg vom reinen passiven Investieren gemäß den Erkenntnissen der Modernen Portfoliotheorie. Modellportfolios erleichtern den Portfolioaufbau, indem ein effizientes Portfolio von professionellen Anbietern aus mehreren ETFs zusammengestellt wird. Ein rein passives Portfolio lässt sich im liquiden Bereich problemlos aufbauen.

Außerhalb des liquiden Bereiches ist es schwierig, alle möglichen Assetklassen komplett effizient abzubilden. Diskussionen konzentrieren sich auf Assetklassen, Währungen, Kosten und Humankapital.

Wie wähle ich einen geeigneten ETF aus?

Die Wahl des passenden ETFs beginnt zunächst bei den eigenen Zielen sowie beim gewünschten Index. In einer ganzheitlichen Analyse gilt es, möglichst viele technische Unterscheidungsmerkmale von ETFs sowie der verfolgten Indizes (siehe Kapitel *Wie unterscheiden sich ETFs?*) zu berücksichtigen und zu vergleichen. Neben Fachliteratur gibt es für Endanleger zwei wichtige Onlineportale, die sich auf ETFs spezialisiert haben: justETF und extraETF. Die Portale stellen neben zahlreichen Vergleichsoptionen, Portfolioanalysetools, Modellportfolios, auch eine Übersicht der ETF-Handels- und Sparplanfähigkeit verschiedener Broker dar. Es ist ratsam, zu Beginn die richtigen ETFs auszuwählen, um später unnötige Umschichtungen zu vermeiden.

Auch andere Medien wie YouTube bieten inzwischen sehr viele und gute Informationen an. Die Zahl der Influencer nimmt zu. Anleger sollten sich stets der Qualität der Informationen bewusst sein und diese kritisch hinterfragen. Künstliche Intelligenz wird die Informationsmöglichkeiten weiter ausbauen und hoffentlich dazu beitragen, den Entscheidungsprozess zu vereinfachen. Mittlerweile gibt es auch für Endanleger zahlreiche Portale und Tools, die Depots verschiedener Banken konsolidieren und so ein ganzheitliches Bild auf das Portfolio ermöglichen. Anlegerinnen und Anleger können sich von qualifizierten Honoraranlageberatern auch einmalig gegen eine geringe Gebühr beraten lassen.

Linktipps | Die Links zu den angesprochenen ETF-Portalen finden Sie untenstehend:
www.extraetf.com
www.justetf.com
www.parqet.com
www.getquin.com

Wähle ich einen thesaurierenden oder einen ausschüttenden ETF?

Die steuerliche Betrachtung ist eine der wichtigsten Kriterien bei der Auswahl des geeigneten ETFs (siehe Kapitel *Wie unterscheiden sich ETFs?*). Beide Ertragsverwendungen sind in Deutschland spätestens am Ende der Haltedauer gleichgestellt. Während der Halte- und Ansparphase ist es ratsam, einige Aspekte bei der Wahl zu berücksichtigen.

- Wiederanlage der Erträge
- Nutzung von Ausschüttungen, insbesondere während der Auszahl- oder Rentenphase
- Nutzung individueller Freibeträge bei Privatpersonen
- Die Besteuerung des klassischen Depots gegenüber anderen Vehikeln wie Fondspolicen

Es gibt einige Broker und Banken, die die Erträge bei ausschüttenden ETFs automatisch wieder anlegen. Anlegerinnen und Anleger können die steuerlichen Freibeträge nutzen, um die Erträge analog zu thesaurierenden ETFs wieder anzulegen. Auch wenn ein Broker diese Funktion nicht anbietet, lassen sich über ETF-Sparpläne im nächsten Ausführungstermin bereits ausgeschüttete Erträge implizit wieder anlegen. Ausschüttende ETFs können einen positiven psychologischen Effekt bewirken, indem regelmäßig positive Geldbeträge auf dem Konto landen.

Da viele Investoren vorwiegend in der Rentenphase die regelmäßigen Ausschüttungen nutzen möchten, ist es wichtig zu überlegen, welche Ertragsverwendung von Anfang an sinnvoller erscheint. Innerhalb gewisser Vehikel wie Fondspolicen besteht zunächst kein Unterschied, da in der Ansparphase keine Steuern anfallen und die Gewinne nachgelagert besteuert werden. Zum Zeitpunkt der Erstellung dieses Buches läuft ein Gesetzgebungsverfahren mit dem Ziel, die private Altersvorsorge zu reformieren. Hierdurch könnte es ab 2026 möglich sein, dass Anleger ab dem Kindesalter über ein Depot steuerbegünstigt für das Alter vorsorgen („Altersvorsorgedepot"). Am Ende sollten sich Anlegerinnen und Anleger die Frage stellen, welche Ertragsverwendung am besten zu ihren Zielen passt. Es besteht sonst die Gefahr, dass zu viele ETFs mit einem ähnlichen Index und unterschiedlichen Ertragsverwendungen im Depot landen.

Welche Vorteile bieten ETFs für den Portfolioaufbau?

Immer mehr Anlegerinnen und Anleger erkennen die Vorteile von Indexstrategien. Die Financial Times beobachtet sogar eine Zeitenwende, denn seit 2024 wird in den USA mehr Anlagevermögen in Indexstrategien als in aktiven Publikumsfonds verwaltet. Auch in Europa ist der Trend angekommen und ETFs werden mittlerweile von allen Investorengruppen eingesetzt. Folgende Vorteile werden in der Literatur genannt:

- Diversifikation
- Einfachheit
- Geringe Kosten
- Flexibilität
- Berechenbarkeit
- Transparenz
- Steuerliche Vorteile

ETFs bieten aufgrund ihrer geringen Kostenquote einen enormen Mehrwert für langfristige Anlagehorizonte. Seit Jahren lässt sich in der Praxis eine Umschichtung von teuren Fonds in kosteneffiziente Anlagestrategien beobachten. Indexstrategien sind stets berechenbar. Dadurch reduzieren sie die Unsicherheit im Portfolio. Die steuerlichen Vorteile, die sich aus dem irischen Fondsdomizil oder dem überwiegenden Sekundärmarkthandel ergeben, sind nicht von der Hand zu weisen.

Der Zugang zu den regionalen und globalen Märkten ist am einfachsten über ETFs zu realisieren. Es ist anzunehmen, dass umso mehr Marktzyklen durchlaufen werden, desto deutlicher die Vorteile von Indexstrategien erkannt werden. Schließlich ermöglichen ETFs, das Asset-Allokation Puzzle einzudämmen.

Wie erreiche ich mit meinem Portfolio meine finanziellen Ziele?

Erfolgreiches Investieren bedeutet, seine Ziele zu erreichen, sowohl in der Ansparphase als auch falls zutreffend in der Entnahmephase. Es erfordert eine gewisse Disziplin, um am Plan festzuhalten. Viele Anlegerinnen und Anleger sammeln über die Jahre wahllose Investments. Das Portfolio wird dadurch unübersichtlich und ineffizient. Es gibt verschiedene Möglichkeiten, den Anlageerfolg zu erhöhen.

- Regelmäßiges Sparen
- Investiert bleiben in volatilen Zeiten
- Rebalancing

Regelmäßiges Sparen, zum Beispiel über einen ETF-Sparplan, ist ein wesentlicher Faktor für den Vermögensaufbau. Es lohnt sich, die Sparrate dynamisch anzupassen und zu erhöhen. Die besten Zeitpunkte für eine Anpassung sind Veränderungen in der Lebenssituation, Gehaltserhöhungen oder außergewöhnliche Ereignisse. Die Kombination ermöglicht einen deutlichen Anstieg des Anlagebetrags, was den Zinseszinseffekt beschleunigt.

Laut **Untersuchungen** von Vanguard lässt sich der Zeitraum für das Aufbauen einer halben Million Dollar (inflationsbereinigt) um bis zu 30 Jahre reduzieren – nur durch Anpassung der Sparrate (siehe Literaturverzeichnis). Die Analyse untersucht verschiedene Szenarien und nimmt eine Einmalanlage von 10.000 US-Dollar sowie eine jährliche Sparrate von 5.000 US-Dollar an. Im ersten Szenario wird die Sparrate jedes Jahr um 5 % erhöht, während ein anderes Szenario die Rate konstant hält. Im letzten Szenario dauert es bis zu 69 Jahre zum Erreichen der halben Million US-Dollar. Im ersten Szenario dauert es bis zu 39 Jahre. Die Studie unterstellt eine konservative Rendite von 4 %. Diese Zahlen unterstreichen die Wirkung von Sparplänen.

Die größten Risiken in der Geldanlage entstehen in Zeiten erhöhter Volatilität. In den meisten Fällen scheitern die Versuche, durch ein gezieltes Ein-

und Aussteigen einen Mehrwert zu generieren. Interessanterweise sind die besten Handelstage nicht weit entfernt von den schlechtesten Handelstagen. Es ist wichtig, dass man in Aufschwungphasen dabei ist. Tatsächlich sind unruhige Zeiten ideal für ein Rebalancing oder für eine außerordentliche Einmalanlage.

Die strategische Asset-Allokation ist der Haupttreiber von Renditen. Daher sollte man diese beibehalten. Die Risiken eines Portfolios können sich schnell ändern, wenn Investoren nicht proaktiv agieren. Wenn die Aktienquote stark zunimmt, drohen höhere Drawdowns. Die höheren potenziellen Drawdowns führen wiederum zu unüberlegten Handlungen. Ein regelmäßiges Rebalancing schützt vor Fehlern und ist eine wichtige Stütze, um langfristig erfolgreich zu investieren.

Es ist wichtig, die Ziele regelmäßig zu überprüfen und gegebenenfalls anzupassen. Erfolgreiche Anlegerinnen und Anleger konzentrieren sich auf ihre Ziele und passen diese bei Bedarf an. Dies erhöht die Wahrscheinlichkeit für langfristigen Anlageerfolg.

Lohnt es sich, eine Finanzberaterin oder einen Finanzberater aufzusuchen?

Es ist individuell unterschiedlich, ob es sich lohnt, einen Finanzberater oder eine Finanzberaterin aufzusuchen. Der potenzielle Mehrwert lässt sich anhand der Wertschöpfungskomponenten ermitteln. Dies beginnt bei den Zielen der Vermögensanlage und endet bei der Portfoliokonstruktion, Vermögensstrukturierung oder verhaltensökonomischem Coaching.

Diese Thematik wird auch wissenschaftlich intensiv erforscht. Einige Studien beziffern den Mehrwert, um ihn messbarer und greifbarer zu machen. Vanguard berechnet den Mehrwert auf 3 % p. a. beim Vergleich einer fortschrittlichen Finanzberatung mit einer durchschnittlichen oder fehlenden Beratung. Morningstar berechnet den Mehrwert innerhalb der „Gamma“ Studienserie. Die Studie von Morningstar belegt, dass solide Finanzplanungsentscheidungen einer Person im Ruhestand im Durchschnitt 29 % mehr Vermögen erwirtschaften, auf das sie dann in dieser Lebensphase zugreifen kann.

Einige wissenschaftliche Forschungsprojekte versuchen, die Verhaltensökonomie mit den finanziellen Ergebnissen von Investoren zu verbinden. Neben Vanguard haben Dalbar und Barber in diesem Forschungsgebiet einen wesentlichen Beitrag geleistet. Sie messen, wie viel Rendite Anleger durch finanzielle Fehlentscheidungen verlieren (siehe Kapitel *Wozu kann ich ETFs verwenden?*).

Was macht einen guten Finanzberater abseits von einem Vertrauensverhältnis aus? Anhand der vorherigen Punkte sowie der Entscheidungsfaktoren für die Wertentwicklung eines Portfolios lassen sich einige Kriterien aufführen:

- Fachgerechte Ausbildung durch geeignete Ausbildungs- und Zertifizierungsträger (beispielsweise FPSB) oder akademischer Hintergrund
- Unabhängige und konfliktfreie Vergütungsstrukturen (wie die Honorarberatung)
- Ein Dienstleistungsspektrum, das Vermögensmanagement und Finanzplanung umfasst.
- Expertennetzwerk
- Die Verwendung wissenschaftlicher Erkenntnisse zur Portfoliokonstruktion.

Die Finanzberatungsbranche befindet sich derzeit im Wandel, insbesondere was das Leistungsversprechen angeht. Während viele Finanzberatungsunternehmen und Vermögensverwalter ihren Mehrwert allein in der Portfoliokonstruktion gesehen haben, geht der globale Trend eindeutig zu einer ganzheitlichen und kundenorientierten Dienstleistung.

Die Wissenschaft liefert bereits seit mehreren Jahren Argumente für diesen Trend. Meir Stratman hat in einer Veröffentlichung aus dem Jahr 2000 („The 93.6 % Question of Financial Advisors“) die Studien von BHB (siehe auch am Anfang des Kapitels) mit der Rolle von Finanzberaterinnen und Finanzberatern verknüpft. Laut seinen Berechnungen vernichtet die TAA der in der Studie untersuchten Pensionsfonds Wert – und zwar durchschnittlich 1,1 %. Diese Ergebnisse decken sich mit den Studien von Vanguard, die klar aufzeigen, dass die allermeisten aktiven Portfolios hinter der Benchmark landen. Aufgrund der Tatsache, dass die SAA, analog zur Effizienzkurve, maßgeblich für die Wertentwicklung von Portfolios verantwortlich ist, sollte sich das Selbstverständnis mehr um die ganzheitliche Kundenberatung und →Verhaltensökonomie drehen. In den ersten Kundengesprächen und der offenen Kommunikation ist dies deutlich zu erkennen.

Die Vorteile einer unabhängigen Beratung sind unbestritten. In der Zukunft werden innovative und unabhängige Beratungsmodelle einen immer komplexeren Beratungsbedarf bedienen. Sehr einfache Wertkomponenten der Finanzberatung werden dank Digitalisierung und künstlicher Intelligenz standardisiert. Das Dienstleistungsspektrum wird dadurch immer individueller und hochwertiger. Alles deutet darauf hin, dass sich gute Finanzberatung auch in Zukunft lohnen wird. Schließlich leistet sie einen wesentlichen Beitrag für die Bevölkerung, indem sie viele Anlegerinnen und Anleger überhaupt an die Kapitalmärkte bringt.

Welche neuen Entwicklungen gibt es?

In diesem Kapitel möchten wir aktuelle Themen und Trends der ETF-Industrie vorstellen. Dabei fokussieren wir uns zunächst auf die zunehmende Größe und Konzentration des ETF-Marktes. Wir werden ebenfalls beleuchten, wie die Fondsindustrie mit Nachhaltigkeit umgeht. Abschließend schauen wir auf die Zukunft der Indexingindustrie – werden Anleger in absehbarer Zeit fernab von Fondsstrukturen breit diversifizierte Portfolios aufbauen?

Wie groß kann der Marktanteil von ETFs werden?

Aufgrund der zunehmenden Größe des ETF-Marktes gibt es immer wieder Kritiker, die Gefahren im Wachstum der Industrie sehen. Die folgenden Argumente werden immer wieder genannt:

- Indexing hat einen Einfluss auf die Preise von Wertpapieren.
- Passive Anleger nehmen keine Stimmrechte wahr.
- Indexing ist zu groß.
- Indexing beeinflusst die Funktionsweise der Kapitalmärkte.
- Indexinvestoren investieren nur in die Aktien der größten und teuersten Unternehmen.

Zunächst ist es von Bedeutung, den gesamten Finanzmarkt und die Auswirkungen von Indexing zu definieren. Viele der Statistiken, die kursieren, sind direkt von der verwendeten Datengrundlage abhängig. Weltweit sind knapp ein Drittel aller Publikumsfonds in Indexstrategien investiert (Daten per 31.12.2024: Vanguard auf Basis von Morningstar, FactSet). Der Marktanteil beträgt bei Aktienfonds mittlerweile gut 47 % und 26 % im Anleihensegment. Es lohnt sich jedoch, den Marktanteil am gesamten Kapitalmarkt zu ermitteln, um den gesamten Markt aller frei verfügbaren Wertpapiere zu berücksichtigen. Schließlich ermöglicht es ein Investment in Indexfonds oder ETFs, sich an einem Wertpapierkorb zu beteiligen. Auf dieser Vergleichsbasis liegt der Anteil von Indexstrategien am globalen Wertpapiermarkt bei etwa 9 %.

Ist es möglich, dass der Marktanteil eines Tages zu hoch wird? Es gibt kaum empirische Studien zu diesem Thema. Ein Großteil der Marktteilnehmer vertritt die Ansicht, dass das Gleichgewicht zwischen aktiven und passiven Anlagestrategien stets gewahrt bleibt. Wenn der Marktanteil zunimmt, eröffnen sich erneut neue Möglichkeiten, Alpha zu generieren, da die aktive Informationsverarbeitung erneut belohnt wird. Derzeit ist keine marktbeherrschende Stellung zu erkennen. Allerdings ist es denkbar, dass die zunehmende Konzentration aufseiten der ETF-Anbieter zu einer zunehmenden Regulierung führen kann. Diese Thematik betrachten wir in der nächsten Frage.

Welche Bedeutung hat die Stimmrechtsausübung bei Indexfonds und ETFs?

Durch das Wachstum von ETFs und Indexfonds richtet sich das Interesse der Finanzmarktöffentlichkeit immer mehr auf die größten Fondsgesellschaften und wie diese mit den Stimmrechten ihrer Anlegerinnen und Anleger umgehen. Die drei größten Firmen, BlackRock, Vanguard und State Street, sind mittlerweile die Hauptaktionäre der meisten Unternehmen. In den USA beträgt der Anteil aller drei bis zu 20 % des ausstehenden Aktienvermögens amerikanischer Firmen. Dies hat sie in die Aufmerksamkeit vieler Marktteilnehmer gerückt. Auch beim vermeintlich passiven Investieren ist die Stimmrechtsausübung außerordentlich bedeutsam. Fondsgesellschaften verwenden eigene „Investment Stewardship"-Programme, um die Interessen der Anleger zu vertreten und durchzusetzen. Hierbei arbeiten große internationale Teams daran, diese bestmöglich zur Geltung zu bringen. Schließlich sind pro Gesellschaft weltweit mehr als 150.000 Stimmrechtsanträge zu stellen. Es bedarf daher genauer Prozesse und fester hausinterner Grundsätze. Nachzulesen ist dies direkt auf den Seiten der Fondsgesellschaften. Alle Details können transparent nachvollzogen werden.

Die Diskussionen über die Stimmrechtsausübung werden häufig kontrovers geführt. Es gibt Kritiker, die sich mehr Einfluss der großen Fondsgesellschaften wünschen, insbesondere in Bezug auf Nachhaltigkeit. Zum anderen nimmt die Konzentration von Vermögen bei den größten Fondsgesellschaften stetig zu, sodass auch Stimmen laut werden, dass der mögliche Einfluss zu groß ist. Bei den genannten Gesellschaften liegt dabei das meiste Vermögen in Indexfonds und ETFs. Anlegerinnen und Anleger erwarten daher, dass die Benchmark möglichst nah abgebildet wird. Folglich sind Fondsgesellschaften dazu verpflichtet, Anteile zu halten, was wiederum den möglichen Einfluss, z. B. durch Verkaufsdruck, einschränkt. Auch die Politik hat sich in diese Diskussionen eingeschaltet.

Fondsgesellschaften haben diese Herausforderung erkannt und bemühen sich darum, Lösungsansätze zu finden. Ein valider Ansatzpunkt könnte darin bestehen, die Stimmrechte wieder zurück in die Hände der Investoren zu legen. Einige Gesellschaften testen daher diese Vorgehensweise sowohl bei institutionellen Anlegern als auch bei Endanlegern. Es werden Antwortmöglichkeiten vorgegeben, um den Anlegern sinnvolle Optionen aufzuzeigen und gleichzeitig nicht zu überfordern. In einem Projekt der Vanguard Group können Endanleger aus vier verschiedenen Optionen wählen: den Vorschlägen des Managements entsprechen, ablehnen, ESG-Aspekte berücksichtigen oder aber analog den Stewardshiprichtlinien der Fondsgesellschaft abstimmen. Die ersten Ergebnisse des Pilotprojekts mit 40.000 Endanlegern zeigen, dass Stimmrechte sehr unterschiedlich genutzt werden:

- Keine Stimmrechtsnutzung: 2,3 %
- Zustimmung der Empfehlung des Managements des jeweiligen Unternehmens: 30,3 %
- ESG-Richtlinien von einem großen Stimmrechtsberater: 24,4 %
- Zustimmung der Empfehlung von Vanguard (Fondsgesellschaft): 43 %

Bei diesen Pilotprojekten ist es wichtig, Anlegerinnen und Anlegern den bestmöglichen Zugang zu ermöglichen, damit Investoren auch von ihrem Stimmrecht Gebrauch machen können. Es sollte vermieden werden, dass die Stimmrechte nicht genutzt werden, weil sie nicht verstanden werden.

Der tatsächliche Einfluss von Fondsgesellschaften ist zumindest bei ETFs begrenzt, schließlich stimmen Fondsgesellschaften stets in Vertretung ihrer Anleger ab. Daher setzen sie auf Investment Stewardship, um die Interessen ihrer Anleger optimal zu berücksichtigen. Für Anleger, die sich aufgrund von Nachhaltigkeitspräferenzen nicht mit dem Abstimmungsverhalten der Fondsgesellschaft zufriedengeben möchten, gibt es die Möglichkeit, sich individuell mit den Investment Stewardship Programmen auseinanderzusetzen und darüber Präferenzen zu äußern.

Verringert sich durch ETFs der Wettbewerb in der freien Wirtschaft?

In der Wirtschaftsliteratur ist der Einfluss von Marktkonzentration auf Preise und Produktionsverfahren sehr intensiv erforscht. Studien zu „Common Ownership" erweitern Markteinflusstheorien, indem sie die Konzentration von Eigentumsstrukturen berücksichtigen. In diesem Zusammenhang werden Hypothesen untersucht, die neben der Gewinnerzielungsabsicht von Unternehmen auch die Interessen der Anteilseigner sowie die Interessen der Anteilseigner bei Wettbewerbsunternehmen berücksichtigen. Wenn wenige große Anteilseigner an Unternehmen in einer Industrie beteiligt sind, können die Preise steigen und Oligopolstrukturen entstehen.

Die ersten Studien in diesem Bereich haben sich auf einzelne Industrien konzentriert, wie Fluggesellschaften oder Banken. Neuere Studien fokussieren sich auf ganzheitlichere Ansätze, indem komplette Märkte abgedeckt werden. So kommt eine großangelegte Studie der Vanguard Group (siehe Literaturtipp) von 2019 zu dem Ergebnis, dass es keinerlei Zusammenhang zwischen Wettbewerbsfähigkeit, Preisniveau und Eigentümerstrukturen gibt.

Es ist in der Öffentlichkeit verbreitet, dass die meisten ETF-Investoren dieselben Fonds kaufen und über einen langen Zeitraum halten. Die Preisfindung am Kapitalmarkt würde eingeschränkt, da keine unabhängige Informationsverarbeitung erfolgt. In der Praxis ist zu beobachten, dass Anlegerinnen und Anleger breit gestreut in alle Marktsegmente investieren. Die Höhe dieser Investments variiert stark über unterschiedliche Zeiträume. Nettomittelzuflüsse in ETFs sind nicht proportional zur globalen Marktkapitalisierung. Tatsächlich nutzen viele Investoren Indexfonds und ETFs, um taktisch über einzelne Marktsegmente zu agieren. Angeblich passive Anleger legen also aktiv an.

Ähnliche Debatten werden darüber geführt, dass Indexfondsinvestoren einen relativ höheren Anteil an großen als an kleineren Unternehmen besitzen. Dies kann ebenfalls negative Auswirkungen auf die Wettbewerbsfähigkeit von Firmen haben. In der Praxis zeigt sich jedoch, dass Firmen mit einer größeren Marktkapitalisierung einen relativ geringen Anteil an Investoren besitzen, die über Indexfonds investieren. Ein weiteres Beispiel für aktives Management von vermeintlich passiven Investoren.

Die Entwicklung der ETF-Industrie hat Diskussionen ausgelöst, dass durch die Konzentration von Eigentümerstrukturen Unternehmen in geringerem Wettbewerb zueinanderstehen. Die Wettbewerbsfähigkeit in der freien Wirtschaft würde sich mit der Zeit verringern. Die bisherigen Studien haben keine eindeutige Bestätigung für diese Hypothese erbracht.

Literaturtipps |
Wang, Haifeng and Plagge, Jan-Carl and Rowley, James and Aliaga-Diaz, Roger A, Common Ownership and Industry Profitability: A Crossindustry View (August 1, 2019). Verfügbar auf:
https://ssrn.com/abstract=3437129
Weitere interessante Studien zum Thema Common Ownership finden Sie im Anhang des oben genannten Research Papers.

Gefährden ETFs die Effizienz an den Kapitalmärkten?

Kritiker haben Bedenken, dass durch das starke Wachstum von Indexstrategien die Effizienz an den Kapitalmärkten abnimmt. Dazu ließe sich eine höhere Volatilität und herdenartige Kauf- und Verkaufsbewegungen, bedingt durch ETF-Anleger, beobachten. Viele dieser Bedenken können mithilfe von Daten beantwortet werden.

Einige Marktteilnehmer merken an, dass mit dem Wachstum von ETFs die Korrelation einzelner Wertpapiere und damit ganzer Assetklassen zugenommen hat. Dies führt dazu, dass es für aktive Manager schwieriger wird, Outperformance zu erzielen. Eine Möglichkeit, Chancen am Kapitalmarkt auszudrücken, besteht in der Wahrscheinlichkeitsverteilung aller Wertpapierrenditen. Wenn sich Renditen einzelner Wertpapiere stark unterscheiden, gibt es ausreichend Wertpapiere, die sich von der Durchschnittsrendite des Marktes unterscheiden. Dementsprechend fällt die Korrelation zur Marktrendite geringer aus. Eine aufschlussreiche Analyse der Vanguard Group hat ergeben, dass der Anteil der Wertpapiere im Russell 3000 Index, einem Index, der die 3.000 größten Unternehmen in den USA umfasst, die eine mindestens zehnprozentige Abweichung zum Index aufweisen, seit 1993 konstant bei 80 % liegt. Dies bedeutet, dass sich die Marktteilnehmer mit acht von zehn Wertpapieren im Index deutlich vom Markt abheben können. In diesem Betrachtungszeitraum ist das Wachstum von Indexfonds als Prozentzahl aller amerikanischen Publikumsfonds von etwa 10 % auf 60 % gestiegen. Trotz des Wachstums von Indexstrategien sind die Schwankungsbreiten der Wertpapierrenditen relativ konstant geblieben.

Ähnliche Argumente gehen neben der Korrelation auch auf die Marktvolatilität ein. Es gibt jedoch keine Anzeichen für einen Zusammenhang zwischen dem Wachstum von Indexing und Volatilität an den Finanzmärkten. In den vergangenen Jahrzehnten hat sich die Marktvolatilität auf einem stabilen Niveau gehalten. Viele Marktteilnehmer schauen sich hierfür die normale Standardabweichung sowie das Volatilitätsmaß VIX an. Der VIX ist ein Echtzeit-Volatilitätsindex, der von der Chicago Board Options Exchange (CBOE) entwickelt wurde. Er blickt implizit nach vorn und misst die zu erwartende Marktvolatilität für verschiedene Märkte. Erste empirische Studien belegen, dass es keinen systematischen Zusammenhang zwischen der Marktvolatilität und dem Wachstum von Indexing gibt. Die wenigen Ausnahmen sind auf besondere Ereignisse wie den „Black Monday“ oder die globale Finanzmarktkrise zurückzuführen.

Ein weiteres häufig genanntes Argument bezieht sich auf die Handelsvolumen von ETFs und die Einflussnahme auf den börslichen Handel. Mit Blick auf den amerikanischen Aktienmarkt, den größten der Welt, lässt sich jedoch kaum ein Einfluss feststellen. In den USA werden etwa 90 % aller Aktien- und 80 % aller Anleihen-ETFs am Sekundärmarkt gehandelt (siehe Kapitel *Was sind ETFs?*). Der Einfluss auf die Preisfindung am Primärmarkt der im ETF befindlichen Wertpapiere ist gering und die Börsen fangen den Großteil der Liquidität ab. Aufgrund der Fragmentierung einzelner Märkte in Europa ist dies in Europa etwas anders. Der Großteil des Handelsvolumens wird hier am Primärmarkt abgewickelt.

In den USA ist das Gesamthandelsvolumen aller Wertpapiere an den Börsen innerhalb der letzten zwei Jahrzehnte konstant gestiegen. Es hat sich über die Jahre hinweg von etwa 40 Billionen US-Dollar auf über 140 Billionen US-Dollar erhöht. Der Anteil des Portfoliomanagements von aktiven Fonds und ETFs ist über die Jahre von knapp 5 % auf etwa 2 % gesunken. Der Anteil passiver Fonds und ETFs ist von einem sehr geringen Niveau auf ungefähr 1 % gestiegen. Somit ist der generelle Einfluss der Fondsindustrie auf das Handelsvolumen an den US-Börsen erstaunlich gering. (Quelle: „A Drop in the Bucket: Indexing's Share of U.S. Trading Activity", The Vanguard Group, 2019.)

Haben sich ETFs auch in schwierigen Marktphasen bewährt?

Diese Frage lässt sich anhand eines Beispieles gut beantworten. Aufgrund der unerwartet hohen Volatilität infolge des Bekanntwerdens von COVID-19 in der ersten Jahreshälfte 2020 haben ETFs den schwierigsten Test seit der globalen Finanzmarktkrise 2008 absolviert und sich als äußerst robust erwiesen. Während sich die Liquidität am Markt zunehmend verschlechterte, insbesondere an den Anleihemärkten, haben ETFs weiterhin sehr effizienten Zugang geboten. Sie haben eine bedeutende Rolle bei der Preisfindung gespielt. ETFs haben die Volatilität am Markt nicht erhöht, sondern zusätzliche Liquidität geschaffen.

Die Handelsaktivitäten steigen häufig in Zeiten von volatilen Märkten. Im März 2020 verdoppelte sich das Handelsvolumen in Europa deutlich. Obwohl alle ETFs häufiger gehandelt wurden, zeigte sich dies bei Anleihen-ETFs besonders deutlich. Wie erwartet, haben sich die Geld-Brief-Spannen analog zu anderen Wertpapieren in dieser Stressphase stark geweitet. Dabei fiel auf, dass Wertpapierkörbe effizienter gehandelt wurden als einzelne Wertpapiere. Am Beispiel des US-Treasury-Marktes, einem der liquidesten weltweit, wird dies besonders deutlich. Die durchschnittlichen Geld-Brief-Spannen der fünf größten Treasury-Bond-ETFs sind lediglich von einem auf drei Basispunkte gestiegen, während einzelne Anleihen einen Spread von 30 bis 188 Basispunkten an einzelnen Tagen im März 2020 aufwiesen. Der Spread einzelner Anleihen lag also um ein Vielfaches höher als bei den dazugehörigen ETFs. Es war effektiver, Anleihen-ETFs zu handeln als einzelne Anleihen.

Während dieser Zeit gab es von Marktteilnehmern außerdem Bedenken hinsichtlich der Preisqualität von ETFs, also des ETF-Premium oder Discounts (siehe Kapitel *Wie unterscheiden sich ETFs?*). In normalen Marktphasen ist der untertägige Preis ein guter Indikator für den tatsächlichen Marktwert der Wertpapiere. Für APs und Market-Maker ist es besonders in volatilen Zeiten schwierig, den genauen Preis einzuschätzen. Diese Zahl variierte im März 2020 stark. Im turbulenten Marktumfeld erhielten Marktteilnehmer ETFs auf US-Unternehmensanleihen mit einem bis zu 7,5%igen Abschlag, um wenige Tage später dafür einen Aufschlag zu bezahlen. Am 23. März 2020 investierte erstmals die FED in Anleihen-ETFs, um den in dieser Zeit illiquiden US-Anleihemarkt zu stabilisieren. Die Notenbanken verwenden in der Regel keine Fonds, sondern stützen die Märkte direkt mit dem Kauf einzelner Wertpapiere.

Im Gegensatz zu der Vermutung, dass APs in volatilen Marktphasen ihre Funktion aufgeben könnten, haben sie weiterhin ETFs bepreist. Dabei wurde ebenfalls deutlich, dass ETF-Anbieter möglichst viele APs anbinden sollten, um die Liquiditätsversorgung sicherzustellen. In der Praxis lassen sich interessante Entwicklungen in diesem Bereich beobachten. Der Markt wird zunehmend von Firmen dominiert, die sehr schlank, bankenunabhängig und hochtechnologisiert mithilfe von Algorithmen ETF-Preise stellen.

Die Performance von ETFs während der volatilen Marktphase im März 2020 hat deutlich gezeigt, dass sie zusätzliche Marktstabilität erzeugen können. Die APs haben weiterhin Preise gezeigt und erhöhte Handelsvolumen abgewickelt. Insbesondere Anleihen-ETFs bewiesen zu dieser Zeit Transparenz und Liquidität in einem ansonsten ziemlich ausgedünnten Markt. In dieser Marktphase haben viele Anlegerinnen und Anleger ETFs eingesetzt, um Portfoliorisiken zu minimieren oder Kapital effizient zu investieren.

Welchen Einfluss hat künstliche Intelligenz auf das ETF-Ökosystem?

Das ETF-Ökosystem, insbesondere die Bereiche Abwicklung, Handel, Portfoliomanagement und auch der Zugang zu ETFs, wird seit Jahren kontinuierlich optimiert. Künstliche Intelligenz (KI) wird vornehmlich in der Datenanalyse eingesetzt, um bessere Handelsalgorithmen aufzubauen und zu verbessern. KI-gesteuerte Algorithmen können große Datenmengen schnell verarbeiten und Muster identifizieren, was zu besseren Ausführungen im Handel führen kann. Dank generativer KI können nun Millionen von vergangenen Handelsdatensätzen besser analysiert und aufbereitet werden. Heutzutage dominieren hochautomatisierte Handelssysteme den ETF-Handel und haben den traditionellen Banken den Rang abgelaufen.

In der Portfoliokonstruktion werden KI-Tools zunehmend eingesetzt. KI stellt eine Herausforderung dar, die darin besteht, dass man sich zu sehr auf sie verlässt. Viele Branchenkenner halten KI für ein leistungsfähiges Instrument für das Portfoliomanagement, doch viele Branchenkenner argumentieren, dass sie noch kein Ersatz für menschliches Handeln ist. Experten empfehlen, sich der Grenzen der Künstlichen Intelligenz bewusst zu sein. Die grundlegende Problematik besteht darin, dass KI einwandfrei darin ist, historische Daten zu sortieren, aufzubereiten und nach Mustern zu suchen. Diese Art des „Lernens“ ist für die Finanzmarktanalyse kein riesiger Fortschritt, da dieser Umgang mit Finanzdaten im Zuge ökonometrischer Analysen eine lange Tradition hat. Was auch von KI nur begrenzt geleistet werden kann, ist die Prognose von Strukturbrüchen, die zu Kursverwerfungen führen können. Es ist allerdings zu hoffen, dass künstliche Intelligenz dazu beitragen kann, dass solche Ereignisse besser verstanden werden, um so tragfähige Prognosen abzuleiten.

Welche Rolle spielt Nachhaltigkeit in der Geldanlage?

Die Asset-Management-Industrie ist ein wichtiger Faktor bei der Transformation unserer Wirtschaft zur Klimaneutralität. Die EU-Wirtschaft soll bis zum Jahr 2050 klimaneutral werden. Da in der Fondsbranche viel Kapital gebunden wird, hoffen die EU-Regulierungsbehörden auf einen substanziellen Beitrag hin zu nachhaltigen Geldanlagen.

Hierzu wurden in den vergangenen Jahren zahlreiche Regelungen beschlossen. Allerdings gibt es bis heute keine Mindeststandards oder allgemeingültigen Definitionen, was eine nachhaltige Geldanlage ausmacht. Die Offenlegungsverordnung (SFDR) regelt lediglich Transparenzpflichten; die Taxonomie steht noch am Anfang. Es stellt für die Branche eine Herausforderung dar, langfristig sinnvolle Produkte zu entwickeln. Die zahlreichen Fälle von Grünfärberei (Greenwashing) haben bei den Marktteilnehmern zu Verwirrung geführt. Es bedarf fester Regeln für ESG-Ratings und Nachhaltigkeitsstandards. Zum Beispiel gibt es noch keine verbindlichen und einheitlichen Berechnungsstandards, um Nachhaltigkeitsquoten zu bestimmen. Die anhaltende Unsicherheit wirkt sich dementsprechend auf die Produktebene aus. Nach Angaben des BVI sind in Deutschland mehr als 6.000 nachhaltige Fonds verfügbar. Bis zum Ende des Jahres 2023 hielten deutsche Anlegerinnen und Anleger über 900 Milliarden Euro vom über vier Billionen großen Fondsmarkt in nachhaltigen Investments.

Die Europäische Wertpapier- und Marktaufsichtsbehörde (ESMA) hat am 14. Mai 2024 Leitlinien für Fondsnamen veröffentlicht. Die Leitlinien setzen sich mit der Frage auseinander, unter welchen Bedingungen ein Fonds im Namen Wörter wie

- Umwelt (**E**nvironment),
- Soziales (**S**ocial),
- gute Unternehmensführung (**G**overnance)

oder andere nachhaltigkeitsbezogene Begriffe verwenden kann. Damit gibt es auf diesem Feld zum ersten Mal europaweit einheitliche Vorgaben. Die BaFin berücksichtigt die ESMA-Leitlinien in ihrer Verwaltungspraxis.

Seit August 2022 sind in Deutschland Anlageberaterinnen und Anlageberater verpflichtet, ihre Kunden hinsichtlich ihrer Nachhaltigkeitspräferenzen zu befragen. Das Fehlen von Standards und Details erschwert die praktische Umsetzung. Die Abschlussquoten im Beratungsprozess sind deshalb sehr gering und bewegen sich im einstelligen Prozentbereich. Die Beratungsbranche ist für einen möglichst großen Wirkungseffekt außerordentlich wichtig, denn über sie wird ein Großteil der Geldanlagen in Deutschland getätigt.

Anders entwickelt sich Anfang 2025 die Regulatorik in den USA, dem größten Kapitalmarkt der Welt: In den letzten Jahren gibt es einen zunehmenden politischen Druck gegen ESG, insbesondere in republikanisch geführten Bundesstaaten: Einige Staaten (z. B. Texas, Florida) verbieten ESG-Investments bei staatlichen Pensionsfonds. Andere Staaten (z. B. Kalifornien, New York) fordern explizit nachhaltige Investments.

Literaturtipp | Auf den Seiten des deutschen Fondsverbandes (BVI) finden Sie weitere Details zur Regulierung im Bereich Nachhaltigkeit: https://www.bvi.de/positionen/nachhaltigkeit/

Was bedeutet ESG im Asset Management?

ESG („Environmental, Social and Governance") bezeichnet Anlagestrategien mit ESG-Komponenten, also Umwelt, Soziales und Governance.

- **Umwelt**: Ökologische Indikatoren zeigen an, inwieweit Unternehmen die Umwelt mit ihrer Tätigkeit belasten.
- **Soziales**: Diese Kriterien messen die Qualität der Beziehungen von Unternehmen und die Auswirkungen auf verschiedenste Interessengruppen wie Mitarbeiter, Lieferanten, Kunden oder Gesellschaft.
- **Governance**: Der Begriff Corporate Governance beschreibt Mechanismen und Prozesse zur Zielsetzung innerhalb eines Unternehmens, insbesondere in Bezug auf Führungs- und Aufsichtsgremien, Vergütungsstrukturen sowie Aktionärsrechte.

Auf Fondsebene können ESG-Kriterien unterschiedlich umgesetzt werden. Viele Fondsanbieter integrieren mittlerweile ESG in den Portfoliomanagementprozess, auch bei Nicht-ESG-Produkten. Die meisten ESG-ETFs verwenden Ausschlusskriterien, um entweder in nachhaltige Unternehmen zu investieren oder weniger nachhaltige Unternehmen auszuschließen (siehe auch Kapitel *Wie baue ich mit ETFs ein Portfolio auf?*). Impact Investments ermöglichen, eine finanzielle Rendite mit einer gesellschaftlichen Wirkung zu kombinieren. Immer mehr Investoren überprüfen die Stewardshipprogramme der Fondsgesellschaften, um den Einfluss auf das Abstimmungsverhalten zu messen.

Kann mit nachhaltigen Fonds eine höhere Rendite erzielt werden?

In der breiten Öffentlichkeit wird diskutiert, wie sich nachhaltige Fonds im Vergleich zu konventionellen Fonds schlagen. Wer lange sucht, wird mit hoher Wahrscheinlichkeit dem Bestätigungsbias seiner Erwartungen unterliegen. Es gibt genügend Studien, die einen positiven oder negativen Einfluss auf die Wertentwicklung aufgrund von ESG-Kriterien belegen. Die Verfechter nachhaltiger Investments versprechen sich bessere Renditen, da durch den Ausschluss ungeeigneter Unternehmen langfristig weniger Kapital in „schmutzige" Firmen fließt. Dadurch werden ihre Finanzierungskosten erhöht, was zu Wettbewerbsnachteilen und einer geringen Eigenkapitalrendite führt. Auf der anderen Seite geht die Argumentation der Kritiker davon aus, dass durch die steigenden Investitionen in nachhaltige Firmen eine Art Spekulationsblase entsteht, indem der Ausschluss von Unternehmen aus dem Anlageuniversum zu geringeren Renditen bei gleichem Risiko führt. Eine endgültige Entscheidung in die eine oder andere Richtung ist empirisch bislang nicht möglich, da vergleichende Studien oft methodologische Probleme aufweisen.

Unabhängig von der Strategie wird bei nachhaltigen Investitionen das Anlageuniversum eingeschränkt. Es gibt oft Renditeunterschiede, weil ganze Sektoren ausgeschlossen werden. Laufen etwa Unternehmen aus dem Energie- oder Rüstungssektor konträr zum Gesamtmarkt, lassen sich je nach Marktphase Renditeunterschiede erklären. Eine Studie aus dem Jahr 2022 analysiert zahlreiche nachhaltige Indexstrategien, basierend auf einer Faktoranalyse. Faktormodelle können Renditeeigenschaften anhand einheitlicher Faktoren (siehe Kapitel *Wie baue ich mit ETFs ein Portfolio auf?*) erklären. Sie kommt zu dem Schluss, dass sich die Renditen nachhaltiger Indexfonds anhand traditioneller Faktoren erklären lassen. Dies impliziert, dass kein statistischer Beweis für einen nachweisbaren ESG-Faktor vorliegt. Es gibt jedoch statistische Signifikanz hinsichtlich verschiedener Faktoren über viele Zeiträume. Vor allem der Faktor „Size", der eine Überrendite von kleineren Unternehmen gegenüber größeren Unternehmen beschreibt, ist bei nachhaltigen Strategien tendenziell nicht vorhanden. Aus einer solchen Studie wäre dann zu schließen, dass Investoren bei der Wahl eines ESG-Fonds genau prüfen sollten, ob ein faktoradjustiertes Alpha vorliegt. Sie würden sich dann für diesen Fonds entscheiden, um ihr Portfolio langfristig an bestimmte Faktoren anzupassen. Auch bei nachhaltigen Fonds sollten sich Anlegerinnen und Anleger mit den Kosten auseinandersetzen.

Gibt es einen Zusammenhang zwischen ESG-Ratings und Renditen?

ESG-ETFs verwenden ESG-Ratings von Ratingagenturen, um die Auswahl der Aktien oder Anleihen zu bestimmen. Aber auch außerhalb dieser Produkte werden ESG-Ratings immer mehr in die Portfoliomanagementprozesse integriert. Es ist noch immer ungeklärt, wie Ratings die Portfolioergebnisse beeinflussen. Es ist interessant zu beobachten, dass die Ratings von unterschiedlichen Anbietern in Bezug auf das gleiche Unternehmen stark voneinander abweichen. Die Korrelation einzelner Ratingergebnisse weicht teilweise sehr stark ab und ist meist gering. Viele Ratings sind intransparent. Vor allem professionelle Anleger vertrauen den zahlreichen Agenturen wie MSCI, Sustainalytics oder LSEG. Jeder Ratinganbieter verfügt über eigene Kriterien. Diesen Unternehmen kommt bei ESG-Strategien eine außerordentliche Rolle zu, denn ohne sie lassen sich keine nachhaltigen ETFs konstruieren.

Wie bereits in der vorherigen Frage angerissen, kommt eine darauf aufbauende Analyse der Fondsgesellschaft Vanguard aus dem Jahr 2023 zu dem Schluss, dass Faktoren das Rendite-/Risikoprofil von ESG-Portfolios beeinflussen. Es gibt keinen eindeutigen Zusammenhang zwischen den ESG-Ratings einzelner Aktien oder auf Portfolioebene, wenn mehrere Aktien miteinander kombiniert werden. Die Studie zeigt, dass eine ESG-basierte Aktienauswahl zu einer Übergewichtung von Large-Cap-Aktien sowie der Faktoren Profitabilität, Investment und Momentum führt. Je restriktiver die Zusammensetzung des Portfolios ist, desto signifikanter sind die Ergebnisse. Bereinigt man die Ergebnisse um diese Faktoren, können nur die konzentriertesten ESG-Portfolios eine Mehrrendite zum Gesamtmarkt erwirtschaften. Wer Faktorrisiken reduzieren möchte, sollte auf konzentrierte Positionen verzichten und sein Portfolio diversifizieren.

Wie werden ESG-ETFs konstruiert?

Bei der Auswahl von ESG-ETFs ist der entsprechende Index entscheidend für die Auswahl der Wertpapiere. Die ersten ESG-ETFs am Markt nutzen folgende zwei Screeningmethoden:

- **Negatives Screening**: Reiner Ausschluss, kaum Einfluss von ESG-Ratings
- Kombination von negativem und **positivem Screening** (Best-in-class Ansatz und Weight-Tilt Ansatz)

Nachstehendes Schaubild verdeutlicht beispielhaft die genauen Unterschiede der Ansätze:

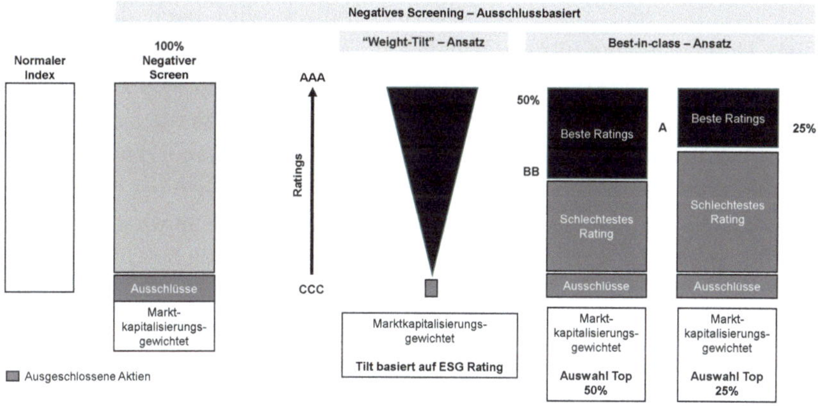

Abb. 8: ESG-Indexmethodologien im Überblick (Quelle: Vanguard, eigene Darstellung)

Je restriktiver die Bedingungen, umso weniger Wertpapiere landen im ESG-Index. Sehr breite ESG-ETFs, die auf negativem Screening beruhen, kommen so beispielsweise nach Ausschluss immer noch auf über 8.000 Aktien. Dagegen haben ESG-ETFs mit Best-in-class Ansätzen teilweise nur wenige Hundert Aktien. Der Best-In-class Ansatz wählt das beste Unternehmen (oder z. B. die Top 3) einer Branche, Kategorie oder Anlageklasse aus. Bei einem „Weight-Tilt-Ansatz“ wird anhand des Nachhaltigkeitsratings gewichtet. Die Screeningmethoden unterscheiden sich in der Praxis kaum zwischen den Assetklassen, allerdings benötigen die Ratinganbieter für

Anleihen deutlich mehr Datensätze. Wenige Ratinganbieter bieten hier den kompletten Überblick.

Folgende Kategorien haben sich im Einklang mit der Regulatorik als Mindeststandard für ein Ausschlusskriterium festgesetzt:

- Nicht-erneuerbare Energien: Nuklearenergie (Atomenergie), fossile Brennstoffe
- Unethische Geschäftsbereiche (Alkohol, Tabak, Erwachsenenunterhaltung, Cannabis)
- Waffen (Atomwaffen, Streumunition, gewöhnliche Waffen)
- Gentechnik
- Verhaltenskategorien (Beispiel: UN Global Compact Prinzipien)

Die Kategorien werden auch nach ihrer Bedeutung in der Praxis unterschieden. Bei rein ausschlussbasierten Indizes wird nach dem Umsatz eines Unternehmens in dem jeweiligen Geschäftsbereich ausgeschlossen. Ausschlussgrenzen können sehr (0 %-Umsatzgrenze) oder weniger restriktiv (5 – 10 % Umsatzgrenze) je nach Kategorie umgesetzt werden. Während in der Öffentlichkeit eine breite Akzeptanz für den vollständigen Ausschluss von nicht erneuerbaren Energien herrscht, ist die Grenze bei unethischen Geschäftsbereichen wie Alkoholproduzenten oder neuerdings auch der Rüstungsindustrie geringer. Ferner ermöglichen es weiche Grenzen, eine gewisse Vielfalt zu bewahren, da viele relevante Unternehmen wie Amazon nur geringe Umsätze in einigen Bereichen erzielen. Bei einer sehr strengen Auslegung würden Investoren zu viele Unternehmen mit einer hohen Marktkapitalisierung ausschließen, was wiederum zu einem weniger diversifizierten Portfolio führt. In der Regel wird nicht nur die erste Wertschöpfungskette, also die Produzenten, sondern auch die zweite wie Distribution und Zwischenhändler erfasst.

ESG-Indizes entwickeln sich fortlaufend weiter. Investoren können mittlerweile auch in sogenannte Paris-aligned (PAB) oder Climate Transition Benchmarks (CTB) anlegen. Beide investieren hauptsächlich in Unternehmen, die sich für die Dekarbonisierung der Wirtschaft einsetzen. Die Idee stammt von der EU-Kommission. Sie möchte mit der Taxonomieverordnung einen Rahmen schaffen, um nachhaltige Investments stärker auf die Pariser Klimaziele auszurichten. Im Rahmen einer Paris-aligned Benchmark (PAB) wird überprüft, ob Anlageportfolios den Pariser Klimaschutzzielen entsprechen. In einer Climate Transition Benchmark (CTB) wird die Frage gestellt, ob sie einen Beitrag zur Energiewende leisten. PABs und CTBs sind beide auf die Dekarbonisierung ausgerichtet. Anlegerinnen und Anleger sind so stärker in CO_2-armen Branchen investiert wie Banken und weniger in Energieunternehmen.

Es ist zu erwarten, dass sich der Markt für ESG-ETFs in den kommenden Jahren rasant weiterentwickeln wird, sodass komplett neue Ansätze entstehen werden.

Welche Rolle kann Investment Stewardship bei nachhaltigen ETFs spielen?

Der EU-Regulator möchte mit festen Ausschlusskriterien einen Rahmen für die Lenkung von Kapitalströmen schaffen. Allerdings bewirkt er bei nachhaltigen ETFs durch die Mindestausschlüsse auch Folgendes: Durch das Desinvestment geben Anlegerinnen und Anleger ihren Einfluss auf. Wir werden erst in Zukunft feststellen, ob der Lenkungsstrom von Kapital in nachhaltigeren Branchen mehr zur Klimawende beiträgt als wirkungsorientierte Aktionäre, die mit ihren Stimmrechten proaktiv den Wandel begleiten möchten.

In erster Linie repräsentieren die größten Assetmanager den größten gemeinsamen Nenner aller Investoren, indem sie auf renommierte Stimmrechtsberater wie ISS oder Glass Lewis vertrauen. In der Wahrnehmung von nachhaltigkeitsorientierten Investoren, die auch bedingt durch Regulatorik ihre Kapitalanlagen komplett auf Nachhaltigkeit umstellen, nutzen Fondsgesellschaften ihren Einfluss zu wenig. Aufgrund ihrer Größe können sie bestimmte Themen auf die Tagesordnung von Hauptversammlungen bringen. Als Streitpunkt wird immer wieder aufgeführt, inwiefern passive Fonds auch in unternehmerische Entscheidungen eingreifen sollten, da die meisten Nachhaltigkeitsresolutionen direkt in die Unternehmensstrategie eingreifen möchten. Viele ETF-Anbieter sehen diese Aufgabe allein beim Management, sodass hier die Argumente auseinandergehen. Mit dem Wachstum von ESG-nahen Resolutionen sind die größten Assetmanager jedenfalls inmitten der öffentlichen Debatte angekommen. Die Nachhaltigkeitsresolutionen nehmen zu, machen jedoch nur einen kleinen Prozentsatz der Anträge aus. Die Unterstützung für diese nimmt auf Hauptversammlungen ab. Fondsgesellschaften haben derzeit Schwierigkeiten, allen Investoren, die häufig sehr unterschiedliche Wertevorstellungen haben, zufriedenstellende Stewardship-Programme anzubieten.

Eine Studie des Researchhauses Morningstar aus dem Jahr 2023 untersuchte das Abstimmungsverhalten der größten Fondsgesellschaften in Bezug auf nachhaltige Hauptversammlungsentscheidungen. Die weltweit größten Fondsgesellschaften (BlackRock, Vanguard, State Street) sind bei zwei Drittel aller ESG-nahen Abstimmungen unterschiedlicher Auffassung. Mindestens bei einem ESG-Thema hatte eine Firma eine eigene Meinung. Also unterscheiden sich die Stewardship-Programme deutlich voneinander.

Es ist wichtig für Anlegerinnen und Anleger, bei nachhaltigen ETFs zu überprüfen, ob die ESG-Konzepte der Fondsgesellschaften den eigenen Werten entsprechen. Ein möglicher Lösungsansatz könnte darin bestehen, die Stimmrechte wieder an Investoren zurückzugeben (siehe weiter vorne im Kapitel). Sobald Anlegerinnen und Anleger selbst abstimmen können, gilt es zu schauen, welches Stewardship-Programm am besten zu den eigenen Vorstellungen passt. Zukünftig könnten individuelle Wertevorstellungen direkt umgesetzt werden. Es handelt sich bei Stewardship-Programmen um komplexe Themen, die weit über die eigentliche Abstimmung hinausgehen. Wer das Abstimmungsverhalten bei ESG-Resolutionen verstehen möchte, muss die Beweggründe im Einzelfall analysieren.

Gibt es bereits einen messbaren Einfluss durch nachhaltige ETFs?

Eine interessante Studie aus den USA untersucht anhand eines breit angelegten Nachhaltigkeitsindex für den US-Aktienmarkt, ob bereits ein messbarer Einfluss von ESG-Fonds auf die Realwirtschaft besteht. Empirische Daten werden herangezogen, um den Effekt ausschlussbasierter Investments anhand der Kapitalkosten des jeweiligen Unternehmens zu messen.

Die Autoren untersuchen die Kapitalkosten einer Firma, die entweder den Nachhaltigkeitsindex FTSE USA 4Good verlässt oder aufgenommen wird. Dadurch lassen sich erste Erkenntnisse gewinnen. Es ist schließlich die Hoffnung, dass nachhaltige Investments einen positiven Lenkungseffekt auf die Wirtschaft haben werden. Das Ergebnis ist eindeutig: Es gibt noch keinen messbaren Effekt ausschlussbasierter Investments auf die Kapitalkosten einer Firma. Die Autoren begründen dies mit der bisher geringen Investitionssumme von nachhaltigen Fonds gegenüber traditionellen Investments. Es bedarf also weitaus mehr Anlegerinnen und Anleger, die ihre Anteile an weniger nachhaltigen Unternehmen verkaufen, um die Kapitalkosten der

Firma in die Höhe zu treiben. Ein effektiverer Ansatz besteht darin, über das Engagement Einfluss auf das Unternehmen auszuüben. Wenn Investoren also gezielt Investments tätigen, anstatt Fonds zu handeln, haben nachhaltigkeitsbewusste Anleger über ihre Stimmrechtsausübung oder den Erwerb von Mehrheitsanteilen einen höheren Einfluss auf das Unternehmen.

Was ist Direct Indexing?

Direct Indexing (DI) ist eine spannende Weiterentwicklung der Indexindustrie. Mithilfe von Portfoliomanagementprogrammen können tausende Wertpapiere vom Anleger direkt erworben und gehalten werden. Investoren umgehen somit Fondsstrukturen. Anlegerinnen und Anleger orientieren sich dennoch an den Grundgedanken des Indexing, da Märkte oder Regionen breit gestreut abgebildet werden. Viele sehen in Direct Indexing die kluge Weiterentwicklung von ETFs, denn die Technologie ermöglicht es, mit wenigen Klicks in tausende Wertpapiere zu investieren, wie es sonst bis dato nur mit Indexfonds und ETFs möglich war.

Die größten Anbieter kommen bislang aus den USA. Die meisten Fintechs, die diese Technologie entwickelt haben, wurden in den Jahren 2020 und 2021 von Fondsgesellschaften oder amerikanischen Großbanken übernommen. Sie erhoffen sich, die Chancen zu nutzen und den Markt für DI proaktiv zu gestalten. Neben den Angeboten für Finanzberatungsunternehmen gibt es auch einige Anbieter, die DI direkt an Endanleger verkaufen. Mit DI können maßgeschneiderte Portfolios mit geringem Aufwand erstellt werden. Die steuerliche Ausgestaltung ist ein wesentlicher Vorteil. Mit intelligenten Portfoliomanagement-Systemen lässt sich eine Vielzahl von Wertpapiertransaktionen durchführen, unter Berücksichtigung der persönlichen Steuersituation und Anlegerpräferenzen. Das Rebalancing kann so steueroptimiert ausgeführt werden („Tax Loss Harvesting" – Steuerliche Verlustnutzung). Aufgrund der Vielzahl an Wertpapieren richten sich die aktuellen Angebote an vermögende Kunden. Die Mindestanlagesummen belaufen sich auf 100.000 US-Dollar. Neben den steuerlichen Vorteilen gibt es weitere Vorteile:

- **Werteorientierte Anlage**: Anlegerinnen und Anleger können maßgeschneiderte Portfolios gemäß ihren individuellen Präferenzen (Bsp.: ESG) zusammenstellen.

- **Transition Management**: Sehr konzentrierte Portfolios können breiter aufgestellt werden. Die Depotübertragung wird vereinfacht.
- **Portfoliooptimierung:** Risiken aus der ganzheitlichen Finanzplanung können reduziert werden (Bsp. Home-Bias oder Überkonzentration in einzelnen Unternehmen durch Mitarbeiteraktienprogramme). Faktorausrichtungen auf Portfolioebene sind möglich.

DI bedient damit zahlreiche Trends am Markt, wie Bruchstückhandel, kostenfreier Wertpapierhandel, Wettbewerb innerhalb der Assetmanagementindustrie sowie der Bedarf an maßgeschneiderten Anlagelösungen. Derzeit sind im Markt für DI über 400 Milliarden US-Dollar investiert. Schätzungen verschiedener Marktteilnehmer erwarten, dass das Investitionsvolumen auf über 800 Milliarden US-Dollar bis 2026 anwachsen könnte (Quelle: Cerulli Associates). Derzeit gibt es noch keine Angebote am europäischen Markt.

Wie funktioniert Direct Indexing?

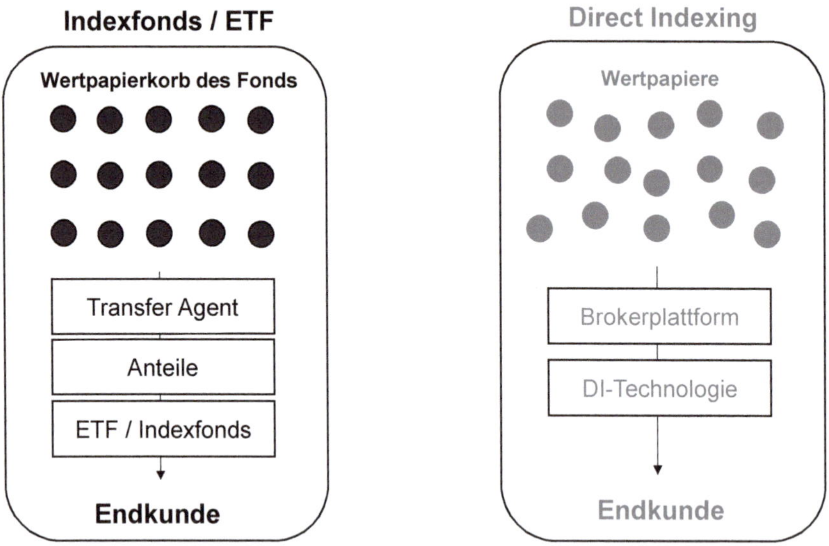

Abb. 9: Funktionsweise Direct Indexing (Quelle: eigene Darstellung)

Die Grafik verdeutlicht die Funktionsweise der Technologie. Die einzelnen Wertpapiere werden ohne Fondsstruktur vom Kunden erworben. Die

DI-Technologie ist unmittelbar mit dem Broker verknüpft. Der Kunde unterhält ein Depot bei der depotführenden Stelle. Die DI-Plattform übernimmt die Portfoliokonstruktion, Optimierung, Tradeausführung, Rebalancing und ein steuerbereinigtes Reporting. Während die ersten DI-Plattformen für Finanzberatungsunternehmen entwickelt wurden, werden in Zukunft immer mehr Plattformen direkt zum Endkunden durchdringen. Der Handel in Bruchstücken ist neben der Portfoliomanagementsoftware die wichtigste Voraussetzung für DI-Portfolios.

Investoren können mit sehr wenigen Klicks und Schiebereglern komplett maßgeschneiderte Portfolios („Personalized Indexing") zusammenstellen. Ein Angestellter bei Microsoft könnte in ein breit gestreutes Portfolio investieren, doch er schließt aufgrund seiner ohnehin hohen Anteile an Microsoftaktien diese komplett aus. Zusätzlich könnte er dividendenstarke Aktien übergewichten und Rüstungsunternehmen ausschließen. Das Portfolio seiner Ehefrau lässt sich ebenfalls berücksichtigen. Anhand dieses einfachen Beispiels wird deutlich, dass DI eine zukunftsträchtige Technologie darstellt und daher weiterentwickelt werden wird.

Stellt Direct Indexing eine valide Alternative für ETFs dar?

DI kann die Nachsteuerrendite deutlich erhöhen. Eine Untersuchung von Vanguard legt nahe, dass der Nutzen gegenüber einem ETF zwischen 20 und 100 Basispunkte liegen kann. Allerdings ist es nur dann sinnvoll, wenn die persönliche Steuersituation hohe wiederkehrende steuerliche Ereignisse hervorruft. Bestimmte Anlegertypen profitieren von der Technologie:

- Signifikante und wiederkehrende steuerliche Ereignisse und Kapitalerträge. Anleger mit verschiedenen illiquiden Vermögenswerten, wie Private Equity oder Immobilien, die für regelmäßige Entnahmen nicht liquide genug sind.
- Stiftungen
- Portfolios, die eine hohe Konzentration in wenigen Wertpapieren besitzen, mit hohen angelaufenen Erträgen.
- Investoren, die weiterhin mit hohen Sparraten in ihr Portfolio anlegen.

Anlegerinnen und Anleger können sich nachstehende Fragen stellen und diese in die Entscheidungsfindung einfließen lassen:

- Wie oft und hoch sind die wiederkehrenden Kapitalerträge?
- Über welche Vehikel wird investiert? Profitiert man ohnehin von Steuerfreibeträgen?
- Wie hoch werden Anleger besteuert? Welche zusätzlichen Kosten entstehen durch DI? Lassen sich netto wirklich Steuern sparen?

DI kann eine sinnvolle Alternative oder Ergänzung zu herkömmlichen ETFs darstellen. Die positiven Effekte von DI hängen von der Marktsituation sowie der steuerlichen Situation des Anlegers ab. Je höher die mögliche Steuerersparnis gemessen an den wiederkehrenden Kapitalerträgen ist, desto höher kann die Allokation in DI-Portfolios sein. Wir dürfen auf die ersten Angebote für den europäischen Markt gespannt sein.

Welche Rolle spielt das Humankapital bei Anlageentscheidungen?

Im Zusammenhang mit Direct Indexing ist bereits angeklungen, dass auch aus portfoliotheoretischer Sicht ein möglichst breit gestreutes marktnahes Portfolio nicht immer optimal ist. Grund dafür ist das individuelle Humankapital der Anlegerinnen und Anleger. Darauf hatten wir bereits in Kapitel *Weshalb gibt es aktive und passive Fonds?* kurz Bezug genommen. So kann es für den Mitarbeiter eines großen Softwareunternehmens, der zudem noch Mitarbeiteraktien in seinem privaten Portfolio hält, durchaus sinnvoll sein, auf weitere Wertpapiere zu verzichten, die mit der Wertentwicklung seines Arbeitgebers korrelieren. Ein hoch standardisiertes Index-Produkt kann diesen Zusammenhang zwangsläufig nicht berücksichtigen.

Der oben beschriebene Zusammenhang hat erst zögerlich Einzug gehalten in die wissenschaftliche, portfoliotheoretische Literatur. Auch in der Praxis setzt sich erst langsam die Erkenntnis durch, dass es notwendig ist, die Korrelation des Humankapitals mit Anlageportfolios in Einklang zu bringen. Zwei Ansätze bieten sich dazu an:

- Anlegerinnen und Anleger sollten u. U. mithilfe von professioneller Beratung auf die Anlage in Marktsegmente verzichten, die hoch korrelieren mit dem eigenen Humankapital. So kann es sinnvoll sein, statt eines sehr breit diversifizierten Welt-Index-Produkts auf sektor- oder länderspezifische ETFs zurückzugreifen, die nicht mit dem eigenen Humankapital korrelieren.

- Der zweite mögliche Ansatz, der noch granularer auf die eigene Vermögenslage eingeht, ist das oben skizzierte Direct Indexing. Dies ermöglicht im Extremfall die Zusammenstellung eines individuellen Optimalportfolios.

Vor allem der zweite Ansatz dürfte für viele Anlegerinnen und Anleger noch Zukunftsmusik sein. Aber die rasanten Fortschritte in KI-Anwendungen öffnen an der Stelle neue Türen und Möglichkeiten.

Welche Quellen sind relevant?

Die aufgelisteten Quellen beziehen sich entweder auf Fakten, die im Text verwendet wurden, oder sie dienen als Einstieg in ein vertiefteres Studium für besonders Interessierte.

Kapitel *Was sind ETFs?*

BaFin (2023a). https://www.bafin.de/DE/PublikationenDaten/Jahresbericht/Jahresbericht2016/Kapitel5/Kapitel5_1/Kapitel5_1_6/kapitel5_1_6_node.html (28. August 2023 Abruf)

BaFin (2023b). https://www.bafin.de/DE/Verbraucher/GeldanlageWertpapiere/Produkte/ETF/ETF_node.html (28. August 2023 Abruf)

Corsi M., Hussain N., Hsu D. (2020). An Overview of Physical and Synthetic ETF Structures. Vanguard Research

Dickson J., Mance L., Rowley Jr. J. (2013). Understanding Synthetic ETFs. Vanguard Research

ETFGI (2023a). https://etfgi.com/news/press-releases/2023/08/etfgi-reports-assets-invested-global-etfs-industry-reached-record#:~:text=At%20the%20end%20of%20July%202023%2C%20the%20Global%20ETFs%20industry,81%20exchanges%20in%2063%20countries. (05. September 2023 Abruf)

ETFGI (2023b). https://etfgi.com/news/press-releases/2023/10/etfgi-reports-year-date-net-inflows-global-etfs-industry-us59675 (12. November 2023 Abruf)

Exporo (2023). OGAW – OGAW Richtlinie. https://exporo.de/wiki/ogaw-und-die-ogaw-richtlinie (28. August 2023 Abruf)

Financial Times (2023). https://www.ft.com/content/e76d3efd-08ee-42b6-b051-07b9fdcc0f41 (12. November 2023 Abruf)

Grill M., Lambert C., Marquardt P., Watfe G., Weistroffer C. (2018). Counterparty and Liquidity Risks in Exchange-traded Funds. European Central Bank Financial Stability Review

Kinniry, F. M. Jr., Jaconetti, C. M., DiJoseph M. A., Zilbering Y und Bennyhoff, D. G. (2019). *Der Wert professioneller Anlageberatung: Vanguard Adviser Alpha® in Zahlen.* The Vanguard Group, Valley Forge, PA

Wigglesworth R. (2021). Trillions. Random House, New York

Kapitel *Wie unterscheiden sich ETFs?*

Kommer G. (2024). https://gerd-kommer.de/factor-investing-die-basics/ (Abruf 26. November 2024)

Lamont K., Möttölä M. (2023). The Big Shortfall – Thematic Investors Lose Lion's Share of Returns due to Poor Timing. Morningstar Studie

Morningstar (2024). https://www.morningstar.de/de/news/220644/themenfonds-kenne-den-nutzen-kenne-die-illusion!.aspx (Abruf 20. November 2024)

Vanguard Research (August 2015). An evaluation of Smart Beta and other Rule-based Active Strategies. https://static.vgcontent.info/crp/intl/auw/docs/resources/adviser/SmartBeta_ResearchBrief_AU.pdf?20190715%7C151420

Kapitel *Weshalb gibt es aktive und passive Fonds?*

Bessembinder H. (2023). Shareholder Wealth Enhancement, 1926 to 2022 . Verfügbar auf SSRN: https://ssrn.com/abstract=4448099 (abgerufen 17. Jini 2023)

Carhart M. M. (1997). On Persistence in Mutual Fund Performance. Journal of Finance 52(1): 57–82

Daxhammer R. J., Facsar M. (2017). Spekulationsblasen – Den Turbulenzen am Finanzmarkt auf der Spur. UVK, München

Daxhammer R. J., Facsar M., Papp Z. (2023). Behavioral Finance – Limited Rationality in Financial Markets. UVK, Munich

Fama E. F., French K. R. (2010). Luck Versus Skill in the Cross-Section of Mutual Fund Returns. Journal of Finance 65(5): 1915–47

Institut für Vermögensaufbau. Sicherheit als Risiko. Abgerufen am 29. Mai 2024: https://www.de.vanguard/professionell/insights-wissen/wissen/whitepapers/sicherheit-als-risiko

Jensen M. C. (1968). The Performance of Mutual Funds in the Period 1945–1964. Papers and Proceedings of the Twenty-Sixth Annual Meeting of the American Finance Association. Washington, D.C., 28.–30. Dezember 1967. Auch im Journal of Finance 23(2) 389–416

Markowitz H. M. (1952). Portfolio selection. The Journal of Finance; 7: 77–91

Plagge J., Lawrence S. (2023). Grundlagen und Vorteile kosteneffizienter Indexstrategien. Vanguard Research

Rowley Jr. J. J., Kwon D. T. (2015). The Ins and Outs of Index Tracking. Journal of Portfolio Management 41(3): 35–45

Sharpe W. F. (1966). Mutual Fund Performance. In Journal of Business 39/1 (Part 2: Supplement on Security Prices): 119–138

Sharpe W. F. (1991). The Arithmetic of Active Management. Financial Analysts Journal 47(1): 7–9

Kapitel *Wozu kann ich ETFs verwenden?*

Barber B. M., Lee Y.-T., Liu Y.-J., Odean T., (2009). Just how much do individual investors lose by trading? Review of Financial Studies, 22/2: 609–632

Barber B. M., Odean T. (2001). Boys will be Boys: Gender, Overconfidence, and Common Stock Investment. The Quarterly Journal of Economics, 116/1: 261–292

DALBAR (2016). Quantitative Analysis of Investor Behavior

Daxhammer R. J., Facsar M., Papp Z. (2023). Behavioral Finance – Limited Rationality in Financial Markets. UVK, Munich

Kahneman D. (2011). Thinking, Fast and Slow. Farrar, Straus and Giroux, New York

Kahneman D., Tversky A. (1979). Prospect Theory: An Analysis of Decision under Risk. Econometrica, 47/2: 263-292

Kinniry F. M., Colleen Jaconetti C., Michael A. DiJoseph M. A., Zilbering Y. (2016), Putting a value on your value: Quantifying Vanguard Advisor's Alpha, Vanguard

Morningstar (2023). Mind the Gap

Russell Investments (2024). Value of an Adviser

Shefrin, H., Statman, M. (1985). The Disposition to Sell Winners Too Early and Ride Losers Too Long: Theory and Evidence. The Journal of Finance, 40/3: 777–790

Thaler R., Sunstein C. (2008). Improving Decisions about Health, Wealth and Happiness. Penguin, New York

Kapitel *Wie baue ich mit ETFs ein Portfolio auf?*

Aliaga-Díaz R., Maciulis V. (2018). From Reflation to Inflation: What's the Tipping Point for Portfolios? The Vanguard Group, Valley Forge, Pa

Barber B. M., Lee Y.-T., Liu Y.-J., Odean T., (2009). Just how much do individual investors lose by trading? Review of Financial Studies, 22/2: 609–632

Blanchett D., Kaplan P. (2013). Alpha, Beta, and Now Gamma. Morningstar Retirement Income Journal

Brinson G. P., Hood L. R., Beebower G. L (1986). Determinants of Portfolio Performance. Financial Analysts Journal, 42/4: 39–48; reprinted in Financial Analysts Journal (1995) 51/1: 133–138

DALBAR (2016). Quantitative Analysis of Investor Behavior

Fischer R., Bulis P., Erath M. (2024). Online-Wertpapier-Brokerage 2024. Oliver Wyman

Ibbotson R. G., Kaplan P. D. (2000). Does Asset Allocation Policy Explain 40, 90, or 100 Percent of Performance? Financial Analysts Journal, 56/1: 26–33

Ilmanen, A., Israel R., Moskowitz T. J., Thapar A. K., Lee R. (2021). How Do Factor Premia Vary Over Time? A Century of Evidence; https://papers.ssrn.com/sol3/papers.cfm?abstract_id=3400998 (Abgerufen am 18. Februar 2024)

Jahnke W. W. (1997). The Asset Allocation Hoax. Journal of Financial Planning, 10/1: 109–113

Kinniry F. M., Colleen Jaconetti C., Michael A. DiJoseph M. A., Zilbering Y. (2016), Putting a value on your value: Quantifying Vanguard Advisor's Alpha, Vanguard

Statman M. (2000). The 93.6% Question of Financial Advisors. Journal of Investing 9/1: 16–20

Vanguard (2024). Vanguard "Principles for investment success". https://corporate.vanguard.com/content/dam/corp/research/pdf/vanguards_principles_for_investing_success.pdf (Abgerufen 04. Februar 2024)

Wallick, D., Shanahan, J., Tasopoulos, C., Yoon, J. (2012). The global case for strategic asset allocation. https://static.vgcontent.info/crp/intl/auw/docs/literature/research/The-global-case-for-strategic-asset-allocation.pdf (Abgerufen 05. Januar 2024)

Zhang Y., Ahluwalia H., Ying A., Rabinovich M., Geysen A. (2022). Rational Rebalancing: An Analytical Approach to Multiasset Portfolio Rebalancing Decisions and Insights. Vanguard

Zhu W., Li Y. (2023). Not all Factors are Created Equal: Factors' Role in Asset Allocation. Vanguard

Rebalancing:

Studien, die keine optimale Methode finden:

Czasonis M., Pradhan P., Turkington D. (2020). The Realities of Rebalancing: What is the Best Approach?", State Street Associates

Zilbering Y., Jaconetti C. M., Kinniry F. Jr. (2015). Best Practices for Portfolio Rebalancing, Vanguard

Studien, die eine Rebalancingmethode auf Basis von Vergangenheitsdaten empfehlen:

Harjoto, J. (2006). Rebalancing Strategy for Stocks and Bond Asset Allocation. The Journal of Portfolio Management, 29/4: 49-63

Studien, die eine Methode empfehlen mit Hilfe von Renditesimulation aber statischen Transaktionskosten:

Buetow et al. (2002). The benefits of Rebalancing. The Journal of Portfolio Management, 28/2: 23 – 32

Donohue Y (2003). Optimal Portfolio Rebalancing with Transaction Costs. The Journal of Portfolio Management, 29/4: 49 – 63

Kritzman M. (2009). Optimal Rebalancing: A Scalable Solution. Journal of Investment Management, 7/1: 9 – 19

Masters S. (2003). Rebalancing. The Journal of Portfolio Management, 29/3: 52 – 57

Sun et al. (2006). Optimal Rebalancing for Institutional Portfolios. The Journal of Portfolio Management, 32/2: 33 – 43

Studien, die eine Methode empfehlen mit Hilfe von Renditesimulation und dynamischen Transaktionskosten:

Chan R. (2011). Tracking Error Rebalancing. The Journal of Portfolio Management, 34/4: 54 – 66

Jones S. (2010). Expected Utility and the Non-Normal Returns of Common Portfolio Rebalancing. Journal of Asset Management, 10/6: 406 – 419

Kapitel *Welche neuen Entwicklingen gibt es?*

Berk J., H. v. Binsbergen J. (2021). The Impact of Impact Investing. Working Paper No. 3981. Stanford Business School

Blackrock (2024). https://www.blackrock.com/corporate/literature/whitepaper/viewpoint-lessons-from-covid-19-etfs-as-a-source-of-stability-july-2020.pdf (Abgerufen am 21.04.2024)

BVI (2024). https://www.bvi.de/positionen/nachhaltigkeit/ (Abgerufen am 06. Mai 2024)

Khang K., Cummings A., Paradise T., O'Connor B. (2022). Personalized indexing: A Portfolio Construction Plan. The Vanguard Group, Valley Forge

Morningstar (2024a). https://www.morningstar.com/sustainable-investing/how-blackrock-state-street-vanguard-cast-their-esg-proxy-votes (Abgerufen am 13. Mai 2024)

Morningstar (2024b). https://www.morningstar.com/sustainable-investing/2023-proxy-voting-season-volume-climate-resolutions-stays-high (Abgerufen am 13. Mai 2024)

Plagge J.-C., Ertl M., Grim D.M. (2022). ESG Equity Index Investing: Don't Forget about Factor Exposures. The Journal of Beta Investment Strategies, 13/4: 163 – 180

Vanguard (2019). A Drop in the Bucket: Indexing's Share of U.S. Trading Activity. The Vanguard Group, Valley Forge, Pa

Vanguard (2024a): https://www.de.vanguard/professionell/insights-wissen/analysen-kommentare/marktanalysen/esg-renditen-und-die-frage-nach-dem-zusammenhang (Abgerufen am 09. Mai 2024)

Vanguard (2024b). https://corporate.vanguard.com/content/corporatesite/us/en/corp/who-we-are/pressroom/press-release-vanguard-unveils-data-from-investor-choice-proxy-voting-pilot-091724.html (Abgerufen am 22. September 2024)

Glossar – Wichtige Begriffe kurz erklärt

Im Text waren zentrale Fachbegriffe mit einem → gekennzeichnet. Hier werden sie genau erklärt.

Aktive Fonds | Aktive Fonds versuchen die Rendite des Index, aus dem sie Wertpapiere auswählen, nachhaltig zu schlagen. Mittlerweile gibt es auch aktive ETFs, also börsengehandelte aktive Fonds. Ein Investment in aktive Strategien ist in der Regel mit höheren Kosten verbunden.

Asset-Allokation Puzzle | Die Bezeichnung Asset-Allokation Puzzle geht zurück auf eine empirische Studie aus dem Jahr 1994. In dieser Studie wurde untersucht, inwieweit die theoretischen Ableitungen der Modernen Portfoliotheorie in der Praxis umgesetzt werden. Dabei kamen die Autoren zum Schluss, dass diese Erkenntnisse in der Praxis oftmals nicht konsequent umgesetzt werden. Sowohl private als auch institutionelle Investoren weichen in Ihrem Wertpapiervermögensaufbau von der einfachen Schlussfolgerung der Modernen Portfoliotheorie ab. Auch im Prozess der Anlageberatung, die sich oft explizit auf die Portfoliotheorie bezieht, werden ihre zentralen Ergebnisse nicht immer ins Zentrum der Beratung gerückt.

Effizienzmarkthypothese | Die Effizienz von Wertpapiermärkten bezieht sich auf die Fähigkeit eines Marktes, alle verfügbaren Informationen in die Preise von Wertpapieren zu integrieren. Dies wird oft durch die Effizienzmarkthypothese beschrieben, die in drei Formen unterteilt ist: schwach, halb strukturiert und stark.

ESG | „Environmental, Social and Governance“ (ESG) bezeichnet Anlagestrategien mit ESG-Komponenten, also Umwelt, Soziales und Governance. Es handelt sich um eine Reihe von Kriterien, die bei der Bewertung von Investitionen berücksichtigt werden, um sicherzustellen, dass die Investitionen nicht nur finanzielle, sondern auch ökologische, soziale und ethische Standards erfüllen. | ***Umwelt***: Ökologische Indikatoren zeigen an, inwieweit Unternehmen die Umwelt mit ihrer Tätigkeit belasten. |***Soziales***: Diese Kriterien messen die Qualität der Beziehungen von Unternehmen und die Auswirkungen auf verschiedenste Interessengruppen wie Mitarbeiter, Lieferanten, Kunden oder Gesellschaft. | ***Governance***: Der Begriff Corporate Governance beschreibt Mechanismen und Prozesse zur Zielsetzung innerhalb eines Unternehmens, insbesondere in Bezug auf Führungs- und Aufsichtsgremien, Vergütungsstrukturen sowie Aktionärsrechte.

ETFs | ETFs erfreuen sich immer größerer Beliebtheit. ETF steht für „Exchange Traded Fund", welcher auch als börsengehandelter Fonds bezeichnet wird. ETFs verbinden die Vorteile von Publikumsfonds mit Aktien. Der börsengehandelte Indexfonds ist darauf ausgelegt, einen Index nach Abzug der Kosten möglichst genau abzubilden. Mittlerweile existieren auch aktive ETFs, die nach festen Regeln versuchen einen Index zu schlagen.

(ETF-)Sparplan | ETF-Sparpläne ermöglichen es, regelmäßig einen festen Betrag anzulegen. Regelmäßiges Sparen, zum Beispiel über einen ETF-Sparplan, ist ein wesentlicher Faktor für den Vermögensaufbau. Es lohnt sich, die Sparrate dynamisch anzupassen und zu erhöhen. ETF-Sparpläne ermöglichen es, fokussiert an den Zielen zu arbeiten und die Emotionen zumindest teilweise bei der Geldanlage auszublenden. Das Aufsetzen eines Sparplans kann bequem über einen Finanzberater oder Onlinebroker erfolgen.

Index | Ein Index ist eine Zusammenstellung von Wertpapieren, die einen bestimmten Markt, eine Region oder auch nur einen Teilbereich davon abbilden. Es ist nur sehr aufwändig möglich, in Indizes direkt zu investieren. Anleger und Anlegerinnen benötigen daher in der Regel ein Produkt, wie einen ETF oder ein Derivat. Indizes bieten eine Vergleichsbasis (Benchmark) für aktive Fondsmanager und dienen als Grundlage für passive ETFs. Anleger und Anlegerinnen können an Indizes die Wertentwicklung von Märkten nachverfolgen.

Indexfonds | Indexfonds existieren seit den 1970er-Jahren. Sie sind die Urform des passiven Investierens und haben stets das Ziel, einen Index möglichst genau abzubilden. Im Unterschied zu ETFs sind Indexfonds nicht börsennotiert und nur über die Fondsgesellschaft (oder über einen geeigneten Broker) zu erwerben.

Moderne Portfoliotheorie | Für Anlegerinnen und Anleger spielt nicht nur die Rendite und das Risiko einer Einzelanlage eine Rolle, sondern die Kenngrößen für das gesamte Wertpapierportfolio. An der Stelle setzt die moderne Portfoliotheorie an, die, entstanden in den Fünfzigerjahren des letzten Jahrhunderts, immer noch als „Goldstandard" der Analyse von Portfolios gilt. Die Portfoliotheorie, insbesondere die von Harry Markowitz entwickelte Moderne Portfoliotheorie, basiert auf mehreren grundlegenden, neoklassischen Annahmen der Anleger: Rationalität, Informationsverarbeitung, Risikoaffinität, Erwartungswerte, Risiko sowie Zeitstabilität.

Portfolio | Ein Portfolio bezeichnet eine Sammlung von Investitionen in Assetklassen, wie Aktien, Anleihen oder anderen Vermögenswerten, die eine Person oder

Institution besitzt. Oft ist es das Ziel, durch eine Vielzahl von Vermögenswerten das Risiko bestmöglich zu diversifizieren.

Verhaltensökonomie | Die Verhaltensökonomie untersucht, wie psychologische Faktoren das wirtschaftliche Verhalten von Individuen und Märkten beeinflussen. Sie hinterfragt die Annahme des Homo Oeconomicus, der stets rational handelt, und zeigt, dass Menschen oft begrenzt rational sind und von Emotionen sowie kognitiven Verzerrungen geleitet werden.

Wo sich welches Stichwort befindet

Abbildungsverzeichnis

Tabellenverzeichnis

Frag doch einfach!

Klare Antworten aus erster Hand

Die utb-Reihe „Frag doch einfach!“ beantwortet Fragen, die sich nicht nur Studierende stellen. Im Frage-Antwort-Stil geben Expert:innen kundig Auskunft und verraten alles Wissenswerte rund um das Thema. Die wichtigsten Fachbegriffe stellen sie zudem prägnant vor und verraten, welche Websites, YouTube-Videos und Bücher das Wissen vertiefen.
So lässt sich leicht in ein Thema einsteigen und über den Tellerrand schauen.

Bisher sind erschienen:

Claudia Ossola-Haring
Ein Start-up gründen? Frag doch einfach!
2020, 238 Seiten
ISBN 978-3-8252-5436-0

Martin Oppelt
Demokratie? Frag doch einfach!
2021, 202 Seiten
ISBN 978-3-8252-5446-9

Florian Kunze, Kilian Hampel, Sophia Zimmermann
Homeoffice und mobiles Arbeiten? Frag doch einfach!
2021, 190 Seiten
ISBN 978-3-8252-5664-7

Gerald Pilz
Mobilität im 21. Jahrhundert? Frag doch einfach!
2021, 230 Seiten
ISBN 978-3-8252-5662-3

Anke Brinkmann, Gabriele Dreilich, Christian Stadler
Virtuelle Teams führen? Frag doch einfach!
2022, 148 Seiten
ISBN 978-3-8252-5780-4

Andreas Koch
Armut? Frag doch einfach!
2022, 179 Seiten
ISBN 978-3-8252-5554-1

Fabian Kaiser, Arie van Bennekum
Scrum? Frag doch einfach!
2. Auflage, 2022, 134 Seiten
ISBN 978-3-8252-5974-7

Florian Spohr
Lobbyismus? Frag doch einfach!
2023, 199 Seiten
ISBN 978-3-8252-5688-3

Henrik Bispinck
Friedliche Revolution und Wiedervereinigung? Frag doch einfach!
2023, 185 Seiten
ISBN 978-3-8252-5445-2

Roman Simschek, Arie van Bennekum
Agilität? Frag doch einfach!
3. Auflage, 2023, 197 Seiten
ISBN 978-3-8252-6055-2

Nassim Madjidian, Sara Wissmann
Seenotrettung? Frag doch einfach!
2023, 192 Seiten
ISBN 978-3-8252-6014-9

Arndt Sinn
Organisierte Kriminalität? Frag doch einfach!
2023, 204 Seiten
ISBN 978-3-8252-6100-9

Detlev Frick
Big Data? Frag doch einfach!
2023, 123 Seiten
ISBN 978-3-8252-5442-1

Annegret Braun
Glück? Frag doch einfach!
2023, 172 Seiten
ISBN 978-3-8252-6092-7

Jenny Amelingmeyer / Thomas B. Berger / Sven Seidenstricker
Innovationsmanagement? Frag doch einfach!
2024, 208 Seiten
ISBN 978-3-8252-6097-2

Matthias Kaufmann
Ethik und Moral? Frag doch einfach!
2024, 199 Seiten
ISBN 978-3-8252-5444-5

Seongcheol Kim
Populismus? Frag doch einfach!
2024, 139 Seiten
ISBN 978-3-8252-6104-7

Anna-Lisa Müller
Migration? Frag doch einfach!
2024, 169 Seiten
ISBN 978-3-8252-5694-4

Petra Jansen
Achtsamkeit? Frag doch einfach!
2024, 158 Seiten
ISBN 978-3-8252-6173-3

Michael von Hauff
Nachhaltigkeit für Deutschland? Frag doch einfach!
2. Auflage, 2024, 190 Seiten
ISBN 978-3-8252-6353-9

Simon Werther / Laura Werther
New Work als Normalität? Frag doch einfach!
2024, 190 Seiten
ISBN 978-3-8252-5810-8

Barbara Schmidt
Angst? Frag doch einfach!
2. Auflage, 2025, 156 Seiten
ISBN 978-3-8252-6345-4

Thomas Kessel / Alexander Brandt
ChatGPT und Large Language Models? Frag doch einfach!
2024, 179 Seiten
ISBN 978-3-8252-6276-1

Rolf J. Daxhammer / Moritz Schüßler
ETFs - Börsengehandelte Indexfonds? Frag doch einfach!
2025, 174 Seiten
ISBN 978-3-8252-6271-6